타임 코디네이트, 인생이 바뀐다

Time Coordinate

MOKUHYO YA YUME GA TASSEIDEKIRU 1NEN 1KAGETSU 1SHUKAN
1NICHI NO JIKANJYUTSU
© Asako Yoshitake 2023
All rights reserved.
Originally published in Japan by KANKI PUBLISHING INC.,
Korean translation rights arranged with KANKI PUBLISHING INC.
through Eric Yang Agency, Inc.

이 책의 한국어판 저작권은 에릭양 에이전시를 통한 저작권사와의 독점 계약으로
빈페이지((주)시사북스)에 있습니다. 저작권법에 의해 한국 내에서 보호를 받는
저작물이므로 무단전재와 복제를 금합니다.

Time / Coordinate

타임 코디네이트, 인생이 바뀐다

요시타케 아사코 지음 | **이슬** 옮김

빈페이지

차 례

프롤로그

"하고 싶은 일은 있지만, 바쁜 업무 탓에 시간이 없어요."

"시간 관리나 행동을 계획하는 데 서툴러서 목표 달성이 어려워지고 자기혐오
에 빠집니다."

"꿈을 향해 달렸지만, 끝까지 해낸 적은 없어요."

"매일 노력해도 눈에 띄는 성과는 나오지 않아요."

혹시 이런 고민을 하고 있지는 않은가?

이 책은 평소에 업무나 육아, 집안일, 병간호같이 해야 할 일이 많
은 상황에서 한정된 시간 안에 목표와 꿈을 이루려는 사람을 위한

시간 기술을 소개한다.

　꿈과 목표가 있다는 것은 행복한 일이다. 우리 모두 하고 싶은 일을 할 때 가슴 벅찬 느낌과 끝낸 후의 성취감을 맛보았던 경험이 있지 않은가.

　반대로 하고 싶은 일과 목표, 꿈을 이루지 못해서 억울하다는 생각을 한 적도 있을 것이다. 끝까지 해내지 못한 여러 가지 이유가 있겠지만 그중 생각한 대로 실천을 못했거나, 시간이 없어서 계획을 마치지 못했을 때 가장 스트레스를 받았으리라 생각한다.

　'목표를 달성하자'나 '꿈을 이루자'처럼 처음에는 기세 좋게 시작했지만, 도중에 의욕이 꺾이거나 어쩔 수 없는 사정으로 엎어지고, 눈앞에 쌓인 일 때문에 시작도 못하고 포기하는 경우를 자주 보게 된다. 정말 안타까운 일이다.

　이 책은 그런 안타까운 경우가 없기를 바라며 쓴 책이다.

　모처럼 찾게 된 꿈과 목표를 실현하기 위해서 꼭 필요한 행동과 그 행동을 이어가는 방법을 누구나 쉽게 실천할 수 있도록 도와주려고 한다.

　실천이라고 해서 수면 시간을 줄여가며 시간을 단축하거나 목표 달성을 위해 스스로를 다그치면서 죽기 살기로 많은 일을 해야 하는 방법을 안내하는 것이 아니다. 그런 방법으로는 피곤함만 쌓이게 되고 결국은 포기하게 된다.

시간 기술에서 짧은 시간으로 효율화만 추구하는 노하우만 배워서는 의미가 없다. 노하우는 시간 정리를 끝낸 뒤에 필요해지기 때문이다.

시간 정리를 하지 않고 갑자기 노하우를 활용하려고 하면 황무지를 개간하기도 전에 벼를 경작하려는 것과 같다.

여태까지 많은 시간 관리 서적을 읽고 실천해 보았지만, 생각대로 되지 않았다거나 목표를 이루지 못했던 사람은 어쩌면 처음 시작했을 때부터 시간 정리를 하지 않았을지도 모른다.

먼저 당신의 시간을 전부 펼쳐놓고 정리해야 할 필요가 있다.

목표와 꿈이 있는 사람은 이 책과 함께 끈기 있게 완수할 수 있는 행동 계획을 세우고 실현하기 위해서 움직여야 한다.

이쯤에서 자기소개를 겸한 내 이야기를 조금 해보려고 한다.

나는 30대 중반까지 일상을 나름대로 즐겁게 보내면서도 내 능력을 활용하지 못한다는 생각을 안고 살아왔다.

고등학교를 졸업한 후 어렸을 때부터 꿈꾸었던 선생님이 되려고 교육학과에 진학했지만, 대학교 3학년 때 진로를 바꾸었다. 그 후에 가정 법원 조사관 시험에 도전했지만 불합격하여 내정된 기업에 취직했다. 그러나 채 3년도 다니지 못하고 퇴직하여 26살에 한국으로 유학을 떠나게 되었다.

금방 뜨거워지고 금방 식었던 나는 무슨 일을 시작해도 도중에 포기하거나 그만두었다. 마음속으로 "해냈다!"라고 말할 만한 경험이 없었기 때문에 스스로 '어중간한 인간'이라고 생각했다.

그렇지만 그런 고정관념은 곧 사라지게 되었다.

한국에 유학을 가고 얼마 되지 않아서 일상적인 대화를 할 수 있게 되었고 현지에서 캐스팅 디렉터로 일하게 된 지 만 4년이 되었을 무렵이었다. 한국어도 캐스팅 디렉터 업무도 마침내 해냈다고 생각하는 순간이 찾아왔다.

유학 가기 전만 해도 '언젠가 한국어로 일할 수 있으면 좋겠다'라고 바랐는데, 한국어로 말할 수 있게 되면서 현지에서 취업도 할 수 있었다. 나 자신이 납득할 만한 업무를 해낼 수 있다고 생각하게 된 것이다.

해냈다고 말한들 어디까지나 나의 기준일 뿐이다. 게다가 나의 한국어는 프로 영역인 통역이나 번역까지 할 만한 레벨은 아니다. 한국어를 못하는 사람이 봤을 때 잘한다고 말할 정도의 수준이다. 핵심은 납득할 수 있다는 마음이다. 납득할 수 있다는 마음은 스스로 선택하고 직접 움직인 결과이기 때문에 얻을 수 있는 것이다. 바로 내 인생은 스스로 정한다는 이야기다.

인생이란 일상이라는 시간이 쌓이고 쌓여서 만들어진다. 결과적으로 충실한 인생은 내 시간을 어떻게 활용하는가를 스스로 결정할 수 있어야 한다.

그래서 스스로 끝까지 해냈다는 경험을 무엇보다도 소중히 했으면 좋겠다.

나는 예전부터 바랐던 교육에 대한 꿈을 위해 지금도 실천 중이다.

아이들에게 삶의 기쁨을 가르쳐 주고 싶다는 비전을 공유하는 동료와 함께 '타임 코디네이트'라는 개념 _{p52 참조} 을 통해 시간을 편안하게 활용하여 풍요로운 인생을 만들 수 있도록 도움을 주는 일을 하고 있다.

아이들에게 삶의 기쁨을 가르쳐 주려면 일단은 어른이 즐거워야 한다는 생각으로 남녀노소를 불문하고 약 3,000명 이상에게 타임 코디네이트 기술을 전수하기 시작했다.

나는 행동이 특별히 빠른 편도 아니고 능력이 뛰어나지도 않으며 특별히 우수하지도 않다. 다만 눈앞의 일을 묵묵히 해나갈 뿐이다.

그러나 한 가지 장점이 있다.

하고 싶다고 생각하는 막연한 일을 현실로 구체화하는 것이다.

비전에서 장기 목표로, 장기 목표에서 단기 목표로, 단기 목표에서 오늘 해야 할 일로 바꾸어 나가는 일이야말로 꿈을 이루는 핵심이라고 할 수 있다. 즉, 시간을 세분화하는 기술이다.

모두에게 평등하게 주어진 하루 24시간이라는 재산은 어떻게 쓰느냐에 따라서 그 가치가 정해진다. 스스로 시간을 제어하며 주체적으로 살아야만 한다.

시간을 세분화하는 기술을 활용하여 행동의 시작이라는 첫걸음을 떼어보자. 그렇게 계속 움직이고 목표와 꿈을 이루어서 풍요로운 인생을 만들어보자.

요시타케 아사코

1장

Time Coordinate

계획은
목표 달성의 80%

시간 관리의 대부분은
자기 방식

어릴 때부터 다양한 상황에서 목표에 관한 질문을 받은 적이 있는가?

시험공부나 동아리 활동을 할 때 누군가가 목표를 물어보면 다섯 과목 평균 80점 이상을 노린다든지 ○○대학에 합격하고 싶다든지 지역 대회에서 우승한다든지 왠지 근사해 보이는 목표를 세웠으리라고 생각한다.

그러나 목표를 세우는 방법이나 목표 달성을 위한 계획 수립 방법을 학교에서 배운 사람은 많지 않다. 시행착오를 거쳐서 자기만의 방식으로 계획을 세웠거나 여러 가지 방법을 실천해 보면서 목표를 달성해 나갔을 것이다.

목표를 정하고 행동에 옮기는 사람은 자기 자신이다. 그렇지만 과정인 계획을 세울 때는 학교 선생님이나 학원 선생님, 동아리 활동 담당 선생님에게 배운 대로 해나가는 사람이 많으리라고 생각한다. 나 역시 그랬다.

그런 엉성한 계획으로도 목표를 달성할 수 있었던 이유는 체력이 뒷받침되었기 때문이기도 하지만, 10대까지는 24시간의 대부분을 나만의 시간으로 활용할 수 있다는 점도 큰 이유 중 하나다. 굳이 시간을 만들려고 하지 않아도 시간은 눈앞에 항상 존재했다.

당시에는 시간을 관리하는 일에 크게 신경 쓰지 않아도 목표 달성을 위해 움직일 시간이 충분했다.

그렇지만 어른이 되어 보니 10대 같은 체력도 없고 목표를 위해서 움직일 시간도 한정되어 있다. 계획을 엉성하게 세우면 금세 포기하게 되거나 죽기 살기로 어떻게든 버티는 방법밖에 없다는 결론에 도달한 사람도 있을 것이다.

이렇게 혼자만의 생각으로 계획을 세우고 움직이면 많은 시간을 체력으로 소모하게 된다.

목표를 달성하거나 꿈을 실현할 때 적극적으로 실천하는 일도 물론 필요하다. 하지만 무작정 행동에 옮기려 하다 보면 자기 자신을 괴롭게 할 뿐이고 언젠가는 제 무덤을 파게 된다.

애써 목표와 꿈을 위해서 움직이기 시작했지만, 결국 포기하게 되는 것이다.

포인트는 목표를 세우는 방법이 아니라 목표를 달성하기까지 계획을 세우는 방법, 좀 더 자세히 말하면 시간을 활용하는 방법에 있다. 목표를 달성하고 꿈을 이루기까지 계속 실천할 수 있는 계획을 세우는 일이 중요하다.

시간 관리와 목표를 세우는 일에 능숙하지 않거나 해야 할 일의 관리에 익숙하지 않은 사람은 어딘가에 얽매여 있다는 느낌을 받을 수도 있다.

해야만 한다는 마음에 짓눌리고 다이어리와 할 일을 정리해 놓은 리스트를 보면서 '해야 하는 건 알겠는데……'라며 시작도 하지 못하는 자신에게 또 한숨이 나온다.

그래서 계획도, 해야 할 일도 너무 세세하게 정하고 싶지 않다는 사람도 있다. 나도 분 단위로 계획을 세우는 일은 좋아하지 않기 때문에 그 심정은 충분히 이해가 된다.

하지만 포인트는 목표와 꿈을 이룰 수 있느냐 없느냐에 있다.

만약 지금 상황에서 목표가 이루어진다고 하면 아무런 문제도 없다. 세부 사항까지 정하지 않고 자유롭고 느긋하게 목표를 이룰 수 있는 사람도 있으므로 그런 사람이라면 이 책을 덮고 지금 그대로 진행하기를 바란다.

반대로 세부 사항까지 정하는 일에 능숙하지 않다는 이유로 제대로 된 계획을 세우지 않으면서, 목표도 달성하지 못하는 사람은 시간을 활용하는 방법을 되돌아보기를 강력하게 권한다. 우선, 자신이 처음 정한 전제를 점검해 보기를 바란다.

사람은 태어날 때부터 게으른 동물이다.

흔히 "이런 일도 제대로 못 하다니 나는 글러 먹었어"라고 말하는 사람이 있는데, 이는 자신을 너무 매도하는 말이다. 하지 못하는 게 아니라 행동에 옮길 준비가 되어 있지 않은 것뿐이다. 누구나 준비만 한다면 행동으로 옮길 수 있다.

목표와 꿈을 이루기까지 스스로 움직일 수 있는 계획을 세워보자.

이제 계획에 필요한 요소를 살펴보도록 하겠다.

CHECK LIST

☐ 목표를 달성할 수 있을지 없을지는 계획을 세우는
방법과 시간 활용법에 달렸다.

☐ 목표를 달성하고 싶다면 무리하지 않으면서
계속 실행할 수 있는 계획을 세운다.

☐ 시간적인 여유도, 체력도 없다.
현재의 자신에게 맞는 계획이 필요하다.

☐ 달성하고 싶은 일이 있지만, 생각대로 되지 않을 때는
시간을 활용하는 방법을 다시 생각해 본다.

목표 달성을 위한
필수 요소 세 가지

목표와 꿈을 실현하기 위해서는 무엇이 필요할까.

만일 끈기나 의욕, 동기 같은 말이 떠올랐다면 여태까지 스스로를 다그치고 버텨가며 목표와 꿈을 달성해 왔던 사람일 것이다.

누구나 나이를 먹고 사회생활을 오래 할수록 역할이 늘어난다. 사회나 가정에서도 마찬가지다.

그러다 보면 순수하게 목표와 꿈을 이루기 위해서 사용할 수 있는 시간이 한정된다. 정해진 시간 안에 성과를 내기 위해서는 행동량과 의욕에만 의지해서는 안 된다.

의욕에 의존하지 않으면서 목표와 꿈을 이루는 데 필요한 세 가지 요소를 소개하도록 하겠다.

★ 목표 달성을 위한 세 가지 필수 요소

 목표 달성을 위한 필수 요소 - 1
꼭 달성하고 싶은 '목표'

먼저 꼭 달성하고 싶은 '목표'가 필요하다.

당신이 정한 목표는 정말 마음속에서 하고 싶다고 생각하는 일인가?

이미 실행하고 있다면 그 일은 내가 하고 싶은 목표를 이루기 위한 것인가?

당신은 지금 세 가지 선택지 중에 어떤 상황인가?

① 하고 싶은 일을 자신 있게 말할 수 있다.

② 하고 싶은 일의 분야는 정했으나 아직 특정 대상을 정하지는 못했다.

③ 하고 싶은 일은 없으나 목표는 다른 사람이 정해주었다. 나약한 소리는
　　하기 싫어서 눈앞의 일만 하고 있다.

　①을 고른 사람은 앞으로의 목표가 명확하므로 계획을 세우기
어렵지 않다.

　②를 선택한 사람은 하고 싶은 일이 과녁 안으로 들어왔다. 앞으
로는 과녁의 중심을 목표로 해보자. 머리로만 생각하기보다는 다양
한 경험을 하면 자연스레 하고 싶은 일을 깨닫게 될 것이다. 단기적
인 목표를 세워서 경험을 쌓아보자.

　③이라고 대답한 사람은 관점을 바꿔보길 권한다. 내키지 않는다
는 마음은 브레이크와 가속 페달을 동시에 밟는 상태와 같다. 자세
한 내용은 34페이지의 〈3. 목표를 세워도 달성하지 못하는 세 가지
이유〉에서 설명하도록 하겠다.

　그럼, 당신이 ①~③ 중에서 어떤 상황인지를 파악했는가?

　어떤 상황이라도 해야 할 일은 행동에 옮기는 것뿐이다. 행동으
로 옮기지 않으면 현실은 변하지 않기 때문이다. 자신의 상황을 먼
저 파악해야만 실천하는 의미와 목적, 방향을 잃지 않고 목표를 달
성할 수 있다.

회사에서 정해준 목표도 개인의 목표로 구체화할 수 있어야 한다.

어떤 기업 연수에서는 회사 전체의 연간 목표를 각 부서가 그 목표를 어떻게 달성할 것인지를 고민하고 개인은 어떤 역할을 할 수 있을지를 생각하도록 했다.

그때 회사가 이런 목표를 세운 이유와 배경을 대표가 설명해서 연수에 참가한 모든 사람이 공통된 인식을 갖도록 했다. 단순히 수치화된 목표를 제시하는 것이 아니었다. 회사와 사원, 고객까지 모두 풍요롭게 하기 위해서라는 커다란 관점에서 전체가 움직일 수 있도록 유도했다.

회사가 내 건 목표를 묵묵히 수행하는 일도 물론 중요하다. 그렇지만 어차피 움직여야 한다면 주도적으로 회사의 목표를 달성하면서 자신도 성장하는 방법을 고민하는 편이 좋지 않을까?

회사의 목표를 실현하는 과정에서 자신이 하고 싶은 일에 도전해봐도 좋고, 어떤 일에 처음 뛰어들어도 괜찮으며 일부러 익숙하지 않은 일을 해보는 것도 좋다.

회사가 정한 목표에서 자신의 의지로 개인이 달성할 수 있는 목표를 고민해 보자.

대략적인 목표가 있는 상태라면 그 목표가 이루어진 후의 당신의 모습을 한 번 그려보자.

자격증 시험에 합격하겠다는 목표로 가정할 때, 합격한 후에 내 모습을 상상해 보는 것이다.

무엇이 되고 싶은지가 아니라 어떤 모습이 되고 싶은지를 떠올리는 것이 포인트다.

승진했다거나 급여가 올랐다거나 친구에게 대단하다는 이야기를 들었다는 대답은 목표를 달성한 후 눈에 보이는 결과이다.

목표를 정하면서 눈에 보이는 결과를 구체화하는 것도 분명히 중요하지만 소득이나 지위, 명예로 얻는 행복은 오래가기 어렵다.

이 이야기는 행복학*의 일인자인 마에노 다카시 교수가 쓴《행복의 메커니즘 실천 입문서》(국내 미출간)에 구체적이고 알기 쉽게 설명되어 있다.

그리고 경제학자 로버트 프랭크가 주장한 지위재와 비지위재라는 개념도 있다.

'지위재'란 주변과 비교를 하면서 만족을 얻는 재화이다. 다시 말하면 소득이나 사회적인 지위나 물질적인 재산같이 주변과 비교할 수 있는 것을 이르는 말이다. 지위재는 개인의 발전과 생존 경쟁에

---

* 행복을 다양한 관점에서 연구하는 학문

필요하므로 단기적인 행복을 불러온다.

반면에 '비지위재'란 다른 사람과의 상대적인 비교와는 관계없이 행복을 얻는 재화를 뜻한다. 건강이나 자립심, 자유처럼 다른 사람의 소유와는 관계없이 기쁨을 얻는 데 도움이 되는 것이다. 비지위재는 개인이 안심하고 안전한 생활을 하는 데 필요하며 장기적으로 행복을 느끼도록 해준다.

★ 지위재와 비지위재

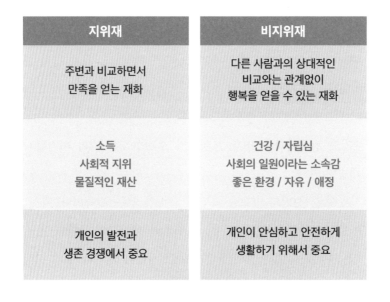

지위재	비지위재
주변과 비교하면서 만족을 얻는 재화	다른 사람과의 상대적인 비교와는 관계없이 행복을 얻을 수 있는 재화
소득 사회적 지위 물질적인 재산	건강 / 자립심 사회의 일원이라는 소속감 좋은 환경 / 자유 / 애정
개인의 발전과 생존 경쟁에서 중요	개인이 안심하고 안전하게 생활하기 위해서 중요

낮다 ← 행복의 지속성 → 높다

소득과 지위, 명예 같은 지위재는 단기적인 행복을 얻을 수 있지만, 계속 다음을 좇게 된다. 이런 현상을 쾌락의 러닝머신pleasure tread-mill이라고 부른다.

이는 누군가와 계속 경쟁해야 한다는 의미이다. 누군가와 경쟁해서 승리해야만 지위재를 얻을 수 있기 때문이다. 지위재를 얻은 후에도 채워지지 않는 무언가를 채우려고 하면 계속 경쟁하게 된다.

이런 미래는 상상하기만 해도 지치지 않는가?

계속 반복하다 보면 목표를 달성하고 꿈을 이루는 행위 자체가 괴롭다고 뇌가 인식하게 된다.

게다가 목표를 달성하기까지의 과정도 억지로 쥐어짠 에너지를 이용해서 쳇바퀴처럼 반복될 뿐이다.

무엇을 위한 목표이고 꿈인지를 알 수 없게 된다.

길지 않은 인생을 계속 경쟁만 하다가 끝내기를 바라는 사람은 없을 것이다.

인생을 경쟁으로 끝내지 않기 위해서 해야 할 것은 구체적인 목표를 세우고 그 목표를 달성했을 때, '어떤 모습으로 살고 싶은지'를 그리는 일이다. 좀 더 자세히 말하면 목표에서 '어떤 가치를 소중히 하고 싶은가?'라는 질문을 스스로 확인하는 일이다.

자격증 시험에 합격해서 그 계기로 승진했다고 가정해 보자. 그때

나는 어떤 모습일까?

- 승진한 덕에 꼭 하고 싶은 업무를 담당하게 되었다.
- 급여가 올라서 가계에도 여유가 생겨 주말마다 가족과 외식하며 즐겁게 대화할 시간이 늘었다.
- 40대에는 업무에 몰두하다가 50대에는 퇴직하여 아내와 이사를 고민하고 있다. 자격증 취득은 사업을 시작할 때도 큰 도움이 된다.

목표를 달성했을 때의 모습과 그 후의 자신도 함께 그려보면 좋다. 이렇게 하면 끝없는 러닝머신 위를 달리듯 살지 않아도 되고, 자신이 살고 싶은 인생의 방향을 스스로 정하고 실현할 수 있다.

눈앞의 목표도 해야 한다는 의무감이 아니라 꼭 달성하고 싶다는 생각으로 마주하게 되면서 억지로 쥐어짠 에너지가 아니라 마음속에서 꼭 하고 싶다는 생각 때문에 진정한 에너지가 샘솟아서 힘차게 나아갈 수 있다.

회사에서는 부서나 팀 내에서 장점을 서로 표현하는 긍정적인 피드백 주고받기를 추천한다.

잘 해냈거나 고맙게 생각하는 부분, 존경스러운 부분이나 객관적으로 봤을 때 그 사람의 특기 등 업무 관련이든 아니든 인격적으로 대단하다고 생각되는 부분을 피드백해 보자.

자신을 낮추는 분위기에 익숙해서 칭찬을 받으면 어색해하는 사람이 정말 많다. 내가 강의할 당시에도 여러 사람들이 부끄러워했다. 하지만 실제로 칭찬을 하면 강의 중에 지었던 진지한 표정과는 달리 모두 입꼬리를 올려 기뻐하며 이야기했다.

자신의 강점을 스스로 깨닫는 사람과 강점에 자신 있는 사람은 실제로 그다지 많지 않다. 평소 같이 일하는 사람에게 평가를 받아보면 자신이 어떤 부분에서 도움이 되고 있는지를 구체적으로 파악할 수 있다.

그러면 회사의 목표, 부서와 팀의 목표를 구체화하고 그 목표를 토대로 개인의 목표를 스스로 떠올릴 수 있게 된다.

목표 달성을 위한 필수 요소 - 2
실행 가능한 '계획'

꼭 달성하고 싶은 목표를 세우는 일의 중요성을 인지한 후에는 달성하기까지의 여정을 명확하게 그려보자.

사람의 성취욕은 계획한 대로 진행될 때 자연스레 채워진다. 성취욕은 다음 행동 의욕과 연결되어 더 달성하고 싶게 만든다. 그래서 인위적으로 만들어낸 에너지가 없어도 자연스레 행동으로 옮겨진다. 즉, 끝까지 해낼 수 있게 되는 것이다.

목표를 달성하기 위해서 실행 가능한 계획을 세우는 일은 대단히 중요하다.

처음 목표를 세울 때의 모습을 떠올려 보자.

누구나 목표를 세울 때는 의욕이 가득하다. 다시 말하면 의욕이 정점인 상태에서 계획을 세우게 된다는 의미이다.

그래서 실제로 행동에 옮겨보면 예상과는 다른 난관에 부딪쳐 다음 날로 미루게 되고 계획과는 전혀 다른 방향으로 흘러가게 되는 결과에 이른다. 모두 한 번쯤 이런 경험을 해본 적 있지 않은가?

★ 실행 가능한 계획을 세우지 못하면 실패의 악순환에 빠진다.

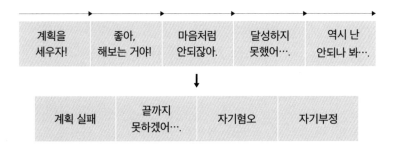

당신이 문제가 아니라 예상한 시간이 부족할 뿐이다!

애써 새로운 기분으로 목표를 세워도 실행할 수 없는 계획일 때는 의욕도 점차 사그라든다.

계획대로 되지 않는다는 이유로 '이제 됐어'라며 내던져 버리거나 '오늘도 예정대로 되지 않았네'라며 자기혐오에 빠지거나 '역시 무리였어'라며 자신을 비하하게 되기도 한다.

이는 당신의 문제가 아니라 단지 예측한 시간에 오차가 있었거나 예상이 빗나갔을 뿐이다.

처음부터 정확하게 시간을 예측하기란 쉽지 않다. 그러나 실현 가능한 계획을 세우는 방법은 있다. 이 방법을 배우기만 하면 되는 것이다.

실현 가능한 계획을 세우는 방법은 제2장 이후에 자세하게 설명하겠다.

실현 가능한 계획이란 단기적인 관점에서 볼 때도 예상대로 흘러가는 계획을 뜻하지만, 중장기적인 관점에서도 체크할 필요가 있다.

중기적인 관점은 목표를 달성하기까지 자신이 끝까지 실행할 수 있는 계획인지 아닌지에 관한 것이다. 그리고 장기적인 관점에서는 후회하지 않는 인생을 위한 행동 계획이 맞는지를 판단한다.

어떤 인생을 살고 싶은가? 어떤 모습이 되고 싶은가? 이런 질문의 답을 이 책에서는 '비전'이라고 부르겠다.

비전에서 시작하여 '장기 목표 → 중기 목표 → 단기 목표 → 눈앞의 목표'로 모든 목표가 연결되고 있는지가 중요하다.

★ 장기 목표에서 눈앞의 목표를 설정하기까지

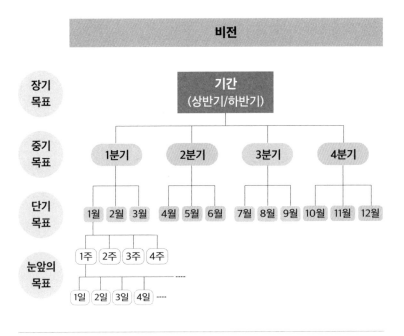

눈앞의 목표가 자신이 이루고 싶은 삶의 방식과 이어지는지 확인하고 나서 목표 달성을 위한 행동을 해야 한다.

자신의 가치관을 지키는 동시에 시간 관리와 계획을 세우는 습관화 기술을 익히면 목표를 달성하고 인생을 풍요롭게 만들 수 있다.

논리적인 사고와 비논리적인 사고를 균형 있게 받아들여서 목표와 꿈을 이루어보자.

미래를 바꾸는 당장의 '행동'

목표와 꿈은 당장 실현할 수는 없지만, 미래를 바꾸는 건 지금의 '행동'이다. 우선 자신이 어떤 상태여야 한 발자국 나아갈 수 있을지 생각해야 한다.

자전거의 페달을 처음 밟을 때 가장 많은 힘을 사용하듯이 행동도 첫걸음에 가장 많은 힘을 들이게 된다. '시작만 했더라면 끝까지 할 수 있었을 텐데'라고 생각한 적이 누구나 있을 것이다.

첫걸음을 작은 행동으로 시작하면 그만큼 가벼운 마음으로 움직일 수 있게 된다.

20초의 법칙을 들어본 적이 있는가?

20초 법칙은 하버드대의 교수인 숀 아처가 쓴《행복의 특권》에서 소개하는 습관화 기술 중 하나다.

사람은 시작하기 전까지 번거로운 일을 뒤로 미루려는 경향이 있어서 좋은 습관을 만들고 싶을 때는 그 행동을 시작하기 전에 필요한 수고를 20초 정도 줄여야 한다고 말한다.

숀 아처도 아침 운동을 습관화하기 위해, 트레이닝복을 입고 잠을 자는 방식으로 집을 나서는 시간을 20초 줄였다고 한다.

책 읽는 장소에 책을 놓거나 노트를 항상 펼쳐둔 채로 두는 것처럼 20초의 법칙은 어떤 일에도 활용할 수 있다.

나도 이 책의 원고를 작성하고 있지만, '집필'이라는 작업을 그대로 두면 너무 거창한 느낌이라 시작이라는 한 발을 떼기가 어렵다. '매일 3천 글자 쓰기'라는 목표도 행동의 시작으로 보기에는 너무 거창하다는 느낌이다.

하지만 하루 전날에 내일 아침 써야 할 한 문장을 노트에 메모해 둔다거나 일어나자마자 컴퓨터로 전날에 쓴 문장을 타이핑하는 정도의 작은 행동으로 시작하면 그 뒤에는 특별히 노력하지 않아도 글을 쓰게 된다. 기합을 넣고 어렵게 시작하지 않아도 되는 것이다.

목표와 꿈을 이루기 위해서 달리기 전에 우선 작은 행동부터 시작해보자. 매일 습관처럼 하다 보면 목표를 위한 계속된 행동으로 이어질 것이다.

CHECK LIST

☐ 목표를 달성한 후의 내 모습을 상상한다.

☐ 꿈꿨던 미래를 이룰 방법을 고민한다.

☐ 계획이 수포가 되지 않도록 실현할 수 있는 계획을 세운다.

☐ 목표와 꿈을 향한 첫걸음을 바로 시작한다.

목표를 세워도 달성하지
못하는 세 가지 이유

목표를 세워도 달성하지 못하는 이유도 살펴보자. 앞에서 이야기 했던 목표 달성을 위한 세 가지 필수 요소와 비교해서 기억하면 좀 더 의식하게 되어서 실천을 위한 구체적인 방법을 떠올리기가 쉬워 진다.

 목표를 세워도 달성하지 못하는 이유 - 1
어쩔 수 없이 한다는 마음

목표를 눈앞에 두었을 때 '꼭 달성하고 싶어'와 '어쩔 수 없이 해야 해' 중 포기하지 않고 목표를 달성할 수 있는 쪽은 어느 쪽일까?

꼭 달성하고 싶다는 말은 마음속에서 우러나온 소망이기 때문에 가속 페달을 밟으며 앞으로 나아가는 이미지다.

반면에 어쩔 수 없이 한다는 말은 마음속에 여러 가지 갈등이 있어서 브레이크와 가속 페달을 동시에 밟는 상태다. 후자는 여러 가지 갈등처럼 방해가 되는 요소가 많아 언제 포기해도 이상하지 않은 상태다.

하고 싶은 일과 목표, 꿈이 있어도 시작하려고 하는 순간에 어쩔 수 없이 한다는 마음이 든다면 주의해야 한다.

어쩔 수 없이 한다는 생각이 들 때는 그런 생각을 하게 된 배경을 고민해야 한다.

가령 생계를 책임지고 있어서, 자격증 시험을 꼭 봐야 해서와 같은 스스로 정한 목표가 아니라 주변 사람과 회사처럼 다른 누군가가 정해준 목표는 아닌가?

또는 돈을 더 벌 수 있는 회사에 가려면 자격증을 취득하면 좋다는 조건만 보고 목표를 설정하지는 않았는가?

물론 이런 계기라도 문제는 없다. 사람은 현재 상황에서 벗어나고 싶다거나 이대로는 안된다는 막연한 생각이 계기가 되어 움직이게 되기 때문이다. 그렇지만 계속 그런 상태로 목표를 향해 달리면 위험하다. 자신의 감정을 무시하고 있기 때문이다.

★ 목표를 세워도 달성하지 못하는 세 가지 이유

어쩔 수 없이
한다는 마음

계획한
시간의 오차

거창한 과제

항상 자신을 채찍질하면서 억지로 만들어낸 에너지는 시작할 때의 추진력은 될 수 있지만, 계속 이어가는 힘이 되지는 못한다.

이직하기 위해 자격증 시험에 합격해야 한다는 마음 대신 자신을 주어로 바꾸어 생각해 보자.

이를테면 '여태까지의 경험을 살려서 A사에 이직하고 여러 가지 기술을 배우고 싶어. A사로 이직하려면 자격증이 필수 요건이야. 그러니까 9월에 있는 시험에 꼭 합격하자'처럼 주체적으로 목표를 설정하고 계획을 세울 필요가 있다.

의무적으로 해야 한다는 말의 뒤에는 이런 생각이 숨어 있을 것이다.

해야만 해(라는 건 알고 있지만, 불안해).
해야만 해(라는 건 알고 있지만, 정말로 하기 싫어).

해야만 해(라는 건 알고 있지만, 못하겠어).

불안한 감정이 숨어 있다면 그런 불안함을 말로 표현해 보자.

정말로 하고 싶지 않다면 어째서 하고 싶지 않은지, 진정으로 하고 싶은 일은 무엇인지, 후회하지 않을 수 있을지 같은 다양한 각도에서 물음을 던져보는 것이다.

할 수 없다는 생각이 들었을 때 그렇게 생각하는 이유를 자신에게 물어보면 해결의 실마리가 보이기도 한다. 불가능한 이유를 구체적으로 파악하면 무엇을 해야 할지가 보이기 시작하는 것이다.

꼭 달성하고 싶다는 상태에서는 흥미와 관심이라는 본질적인 에너지가 원천이 되기 때문에 동기를 유발하기 쉬워진다. 다시 말하면 끝까지 해내기 쉬워진다는 의미다.

반대로 의무적으로 한다는 마음이 행동의 원천이 되면 악순환에 빠지기 쉽다. 앞에서 설명했듯이 브레이크와 가속 페달을 동시에 밟는 상태이기 때문에 그만두기 쉬워지는 것이다.

해야 하는 건 알지만, 못하겠어….
↓
의무감으로 마음을 다시 잡는다.
↓
부정적인 감정이 커지고 내일로 미루게 된다.
↓
오늘도 하지 못했다며 자신을 탓한다.

너무 안타까운 상황이다. 어쩔 수 없이 한다는 생각이 들면 그 기분이 어디서부터 시작됐는지를 먼저 파악해야 한다.

목표를 세워도 달성하지 못하는 이유 - 2
잘못된 예상 시간

실행할 수 있는 계획이란, 실제 행동할 때의 계획과 계획이 오차 없이 진행될 수 있도록 시간을 예측하는 일을 말한다. 결론적으로, 실제로 소요된 시간을 예측 시간과 어느 정도 비슷하게 맞출 필요가 있다. 그러기 위해서는 예측한 시간과 실제로 소요된 시간의 오차를 알아두면 좋다.

대부분은 실제로 걸린 시간보다 시간을 적게 예측하여 '왜 아직도 안 끝났지'라는 상태가 되어 시간에 쫓기곤 한다.

예상 시간을 계산하지 않거나 너무 부족하게 되면 결과적으로 계획이 틀어지게 되고 도중에 포기하게 된다.

목표와 직접 연관된 행동 시간만 예측하면 된다는 이야기는 아니다.

예를 들어, 자격증 시험공부 시간을 확보해야 하는 사람이 바로 앞에 있다면 나는 우선 "야근하지 말고 업무 시간 내에 일을 마치도록 해보세요"라고 조언할 것이다.

목표인 자격증 시험에 합격하려면 시험공부 시간을 무엇보다 중시해야 하기 때문이다. 그렇다고 야근만 하지 않으면 된다는 이야기는 아니다.

'업무는 마치지 못했지만 야근은 하면 안 되니까 남은 업무는 내일 하자'라는 생각이 해결책이 될 수 없다는 이야기다.

하려고 했던 업무를 끝내지 못했다는 사실은 생각보다 큰 중압감으로 다가오기 때문에 주어진 시간을 제대로 활용할 수 없게 된다.

하지 못했다는 부정적인 감정을 낳게 될 확률이 높아지기 때문이다. 게다가 끝내지 못한 업무가 신경 쓰여서 퇴근 후에도 계속 머릿속에 남아 있게 된다.

반대로 말하면 업무에 집중할 시간을 효율적으로 쓰면서 자신이 세운 계획을 실행할 수 있다면 다음 단계는 기분 좋게 넘어갈 수 있다.

업무 시간과 자격증 시험공부는 언뜻 보았을 때 아무런 관련도 없어 보이지만, 실은 깊게 연관되어 있는 것이다.

누구나 다양한 역할을 안고 있다고 제1장 2챕터에서 이야기했다. 그래서 꿈을 실현하고 실천할 이외의 시간도 준비해야 한다. 그러면 꿈을 이루기 위해 활용하는 시간의 가치도 올라가게 된다.

예상 시간을 부족하게 잡지 말고 되도록 정확하게 예측해서 실현할 수 있는 계획을 세워보자.

목표라는 산이 높으면 의욕이 넘치는 사람도 있지만, 대부분은 시작하기도 전에 에너지를 소진하게 된다.

A씨는 하고 싶은 일이 머릿속에 있지만, 시작도 하지 못한 상태였다. 하고 싶다고 항상 머릿속을 차지하고 있는 '그 일'은 대체 무슨 일일까?

A씨에게 그 일을 정리하려면 어느 정도 걸릴 것 같으냐고 질문하자 20시간 정도라는 대답이 돌아왔다.

그러나 불분명했던 그 일을 행동에 옮긴다고 가정하고, 시간을 세분화해서 예측해 보니 8시간 만에 끝날 내용이었다. 어림짐작한 예측과 행동을 세분화해서 나온 예측과는 12시간이라는 차이가 있었다.

다시 말하면 행동으로 옮겨야 할 일을 마음속으로 과대평가해서 시작하기 전부터 엄청난 에너지를 쏟았다는 이야기다.

꼭 해야 하는 일임에도 손도 대지 못하고 머릿속을 맴도는 상태라면 결과적으로 다른 일도 집중하지 못한 채 이도 저도 아닌 상태로 시간만 흘러보내게 된다. 능률이 떨어지는 너무 안타까운 상황이다.

머릿속을 지배하는 '그 일'을 구체적인 행동으로 생각한 뒤 세분화하면 나아갈 경로도, 걸리는 시간도 예상할 수 있기 때문에 계획을 망설이지 않고 행동으로 옮길 수 있게 된다.

만약 좀처럼 행동으로 옮기기 어렵다면 거대한 산을 오르기 위한 구체적인 행동을 순서대로 적어보자. 실제로 자신이 실천하고 있다고 생각하고 상상하면서 구체적으로 써나가는 것이다. 이를 시각화라고 부른다.

시각화하고 나면 행동에 옮기게 될 가능성이 커진다.

CHECK LIST

- [ ] 나를 주어로 하여 목표를 세운다.
- [ ] '정말 해낼 수 있을까'라는 불안한 마음으로 시작하지 않는다.
- [ ] 무슨 일이든지 시작하기 전에 예측 시간을 적는다.
- [ ] 예측 시간과 결과적으로 걸린 시간의 오차가 어느 정도인지 기록한다.
- [ ] 큰 과제를 완수하는 과정을 구체적인 행동으로 적는다.

목표 달성 여부를 정하는 것은 'DO'가 아니라 'PLAN'

PDCA 사이클이라는 말을 들어봤을 것이다. PDCA는 PLAN(계획), DO(실행), CHECK(검증), ACTION(개선)의 앞 글자를 따온 말로 계속해서 업무를 개선하는 방법이다. 계획에서 개선까지 한 주기를 반복해서 실행하면 업무 효율을 높일 수 있다.

PDCA는 업무의 개선뿐만 아니라 개인적인 목표를 달성할 때도 활용할 수 있는 구조다.

현실을 변화시키거나 꿈을 이룰 때는 행동, 즉 'DO'가 무엇보다 중요하다. 실제로 행동하지 않으면 아무것도 변하지 않기 때문이다.

다만 목표를 달성하거나 꿈을 실현할 때는 끝까지 완수하기 위한 행동이 중요하므로 계속하지 않으면 의미가 없다. 그래서 끝까지 해내기 위한 행동 계획과 그 계획을 수행하기 위한 시간의 활용법이 중요한 것이다.

제1장의 제목인 〈계획은 목표 달성의 80%〉라는 의미는 계획을 수립할 때 시간과 노력을 80% 사용하라는 의미가 아니다.

또 세세한 계획을 세워서 완벽한 계획이 되게 하라는 의미도 아니다.

포기하지 않고 끝까지 할 수 있도록 80% 정도의 정확도를 가진 계획을 세우라는 의미다. 너무 세세한 계획은 계획에서 하나라도 어긋나면 포기하기 쉬워져서 오히려 위험하다.

솔직히 말해서 시작한 후에 포기하지 않으려면 계획은 세세하지 않은 편이 낫다.

너무 세세한 계획까지 세우는 사람은 목표를 달성하기 위해서 할 일도 사소한 부분까지 고민하거나 언제 무엇을 할지를 정하는 일에 지나치게 신경을 쓰다가 제 무덤을 파게 된다.

쉽게 말하면 계획만 번드르르하고 실현 가능성이 없어지게 되는 것이다.

★ PDCA 사이클

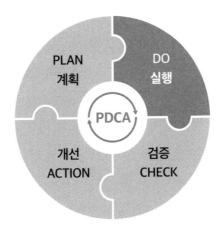

우리는 사람이기 때문에 AI와 달리 감정이 있다. 그래서 시간 활용이 일정하지 않다. 그 점을 간과한 계획은 무참하게 산산조각 나기 쉽다.

사람의 행동을 AI처럼 맞추게 되면 스스로 움직이는 기쁨은 사라진다. '하고 싶다'가 아니라 '해야만 해' 같은 의무가 되는 전형적인 예라고 할 수 있다.

과학적으로 근거가 충분한 시간 관리 기법을 이론적으로 도입하는 것도 물론 중요하지만, 우리는 AI가 아니라는 사실을 잊지 말자.

감정을 억누르기만 하면 앞으로 나아갈 수 없다. 계속 무리하면 몸도 마음도 무너진다.

시작할 때 목표를 이루기 위한 과제를 세분화할 필요는 있지만 어디까지나 첫걸음을 뗄 때뿐이다. 모든 일을 세분화하지 않아도 좋다. 할 일을 세세하게 많이 적을수록 해야 할 일이 너무 늘어나서 한숨을 내쉬는 사람이 많은 것도 현실이기 때문이다.

지금 무엇을 위해 움직이는지 잊지 않는 것이 포인트이다.

반대로 계획을 너무 대충 세워도 실행하기가 어렵다.

최소한의 단기 목표를 정한 상태에서 해야 할 일을 적기만 하면 안 된다.

- 무엇을 위해서 이 목표를 설정했는가?
- 이 방법이 가장 빠르고 단기간 내에 목표를 달성하는 방법인가?
- 우선순위는 이대로 두어도 좋은가?

이렇듯 목표를 세우는 방법과 시간의 활용법에는 목적의식과 객관적인 관점이 필요하다.

'DO'를 원활하게 하기 위한 'PLAN'을 고민해 보자(제2장 이후에 구체적인 계획을 세우는 방법을 설명하겠다).

아무리 지식이 많아도 제대로 소화하지 못하면 의미가 없다. 어렵게 생각하지 말고 편하게 계획할 방법을 스스로 생각하는 힘을 기르자.

☐ 계획을 너무 자세하게 세워서 계획만 봐도 피곤함이 느껴지지 않도록 한다.

☐ 계획을 너무 대충 세워서 목표를 애매하게 만들지 않는다.

☐ 목표 달성을 위해서 계획을 실천하기 쉽게 세운다.

큰 계획을 작게 나누는 기술로
목표를 달성할 수 있다!

목표 달성을 위해서 도중에 포기하지 않으려면 목표와 시간, 과제를 세분화하는 것이 중요하다.

1 목표를 단기 · 중기 · 장기로 나눈다

시간을 들여서 이루고 싶은 장기 목표를 세우는 데 능숙한 사람도 있지만, 너무 먼 미래보다 당장의 단기 목표를 잘 세우는 사람도 있다. 사실 장기 목표와 단기 목표를 모두 설정해 놓으면 충실한 인생에 한층 더 가까워질 수 있다.

장기 목표만 세우면 목표가 너무 거창하게 느껴져서 지금 뭘 해야 할지 알 수 없게 되고 당장은 아무런 변화가 없을 가능성이 커진다. 반대로 단기 목표만 세우면 그날만 생각하게 되어 눈앞의 할 일에 쫓기며 시간을 흘려보내게 된다.

목표는 거창해도 좋으므로 일단은 그려보고 거기서부터 세분화한다. 또는 지금 당장의 일을 계획한 후에 그 일들이 쌓인 미래를 상상해 보는 것도 좋다.

목표를 세울 때는 항상 '언제까지'라는 기간을 설정한다. 기간을 정하면 사람은 움직이게 된다.

기간은 3~5년, 1년, 3개월, 한 달, 일주일, 하루로 설정한다. ^{p30 참조}

기간이 길어질수록 명확하게 떠올리기 어려워진다. 시간을 세분화하면 현실적인 목표와 구체적인 행동 과제를 세울 수 있게 된다.

2 할 일을 나누는 목적

할 일을 세분화하는 목적은 ①심리적인 부담을 덜기 위해서 ②정확하게 시간을 예측하고 분배하기 위해서 ③빠르게 행동으로 옮기기 위해서 이렇게 세 가지가 있다.

① 심리적인 부담을 덜기 위해서

사람은 넘어야 하는 산이 높으면 높을수록 시작하고 싶지 않다는 심리가 작용한다. 그래서 구체적인 행동을 토대로 상상해 보는 일이 중요하다.

② 정확하게 시간을 예측하고 분배하기 위해서

예측 시간과 결과 시간의 오차가 클수록 계획을 실행할 가능성에서 멀어진다. 오차를 줄여 현실적인 예상 시간을 산출하게 되면 자신감을 가질 수 있다.

③ 빠르게 행동으로 옮기기 위해서

계속 강조한 것처럼 움직이지 않으면 현실은 아무것도 변하지 않는다. 시작이라는 첫걸음을 떼는 일이 중요하다. 시작만 하면 행동은 계속 이어지기 때문이다. 스스로 한 발을 내딛기 쉽도록 과제의 크기를 정하도록 하자.

CHECK LIST

☐ 목표, 시간, 과제를 세분화하여 행동으로 옮기기 쉽게 만든다.

2장

Time Coordinate

1년 목표를 3개월 목표로
나누는 방법

목표를 세우기 전에
일정부터 점검하라

목표와 시간을 세분화하기 전에 내가 강의하는 '타임 코디네이트' 기술을 간략하게 설명하겠다.

코디네이트란 패션과 인테리어 분야에서 자신이 좋아하며 편안해지는 것을 고르고 조합해서 전체적인 조화를 이룰 때 쓰는 말이다.

이 단어에 힌트를 얻어 이름 붙인 '타임 코디네이트'는 시간 관리를 효율의 차원으로만 생각하지 말고 인생을 알차게 보내기 위해서 사용하는 게 당연한 세상이 되길 바란다는 염원을 담은 시간의 활용 개념이다.

업무나 목표 달성에 필요한 시간만 계산하는 것이 아니라, 시간이 인생의 일부라는 생각으로 어떻게 활용할지를 고민해 보길 바란다. 그렇지 않으면 시간과 조화되기가 어렵다.

그래서 어떻게 살아갈지를 먼저 고민하고 그 생각을 가능하면 노트에 옮겨 적길 권한다.

'어떻게 살아야 할까?'라는 문제는 거창해서 생각하기 어렵다거나 그럴듯한 말로 적어야 할 것 같다는 사람도 있을 것이다. 또는 목표 달성 방법이나 알려주지 왜 삶의 방식까지 고민해야 하는지 모르겠다고 투덜거리는 사람도 있을지 모른다.

그렇지만 어렵게 생각할 필요도 없고 삶의 방식을 구체적으로 적지 않아도 된다.

이 문제를 고민해야 하는 이유는 자신의 가치관과 삶의 방식에서 벗어난 목표는 무거운 짐처럼 느껴지기 때문이다. 자신을 괴롭히는 노력은 결국 포기할 수밖에 없게 만든다.

그래서 삶의 방식과 목표가 어긋났는지 확인하려면 어떻게 살 것인지에 대한 고민이 필요한 것이다.

또 목표를 이루기 위해 눈앞의 일에만 집중하다 보면 우리의 시야는 점점 좁아진다.

성과는 하루 만에 나오지 않는다. 하루하루가 쌓이고 쌓여야 커다란 성과로 나타난다.

그 사실을 머리로는 이해하고 있지만, 매일 꾸준히 하는데도 성과가 보이지 않으면 '이대로 정말 괜찮은 걸까?'라며 자신을 궁지로 몰아넣게 된다.

그럴 때는 무엇을 위해 이 일을 하고 있는지 본래의 목적으로 시선을 돌려보길 바란다.

무엇을 위해 노력하고 있는지 목적의식을 잃으면 '번아웃 증후군'이 생기게 될 가능성이 커진다.

번아웃 증후군은 의욕과 열의를 가지고 달리던 사람이 완전히 타버린 것처럼 갑자기 의욕을 잃는 상태를 말한다.

목표와 꿈을 향해서 모처럼 의욕을 불태우며 노력했는데 갑자기 의욕이 사라진다니 너무 안타까운 일이다. 그러지 않기 위해서는 목적의식을 다시 떠올리는 방법이 효과적이다.

- 어떻게 살고 싶은가?
- 후회하지 않는 인생이란?
- 소중히 생각하는 가치관은?

이런 말이 자신에게 보내는 응원이 되며 지침이 된다.

목표와 꿈을 실현하기 위해서라기보다는 마음이 따라오지 못할 때 다시 초심으로 돌아가기 위해 말로 표현해 보기를 바란다. 초심으로 돌아가고 나면 다시 달릴 에너지가 생긴다.

이런 말을 이 책에서는 이해하기 쉽게 '비전'이라고 부르겠다. 정돈된 문장과 말이 아니어도 좋다. 간단한 말이나 단어라도 괜찮다. 예를 들면 이런 느낌이다.

- 가족 모두가 건강하고 활기가 넘쳤으면 좋겠다.
- 내가 좋아하고 사명감을 느끼는 일을 하면서 사회에 보탬이 되고 싶다.
- 한 번뿐인 인생, 즐겁게 살자.

목표 달성과 꿈을 실현할 때 중요한 것은 정돈된 말로 정리하는 것이 아니라 일단 적고 스스로 곱씹어 보는 일이다. 정돈된 말로 정리하는 일은 나중으로 미뤄도 괜찮으니 일단은 가볍게 생각하자.

이제 비전을 1년 목표로 세분화하여 설정하는 방법을 안내하겠다.

CHECK LIST

☐ 어떻게 살고 싶은지를 말로 표현한다.

☐ 후회하지 않는 인생을 말로 해본다.

☐ 소중히 생각하는 가치관을 언어로 옮겨본다.

1년 안에 이루고 싶은
목표를 정하라

비전을 적었다면 다음으로 장기 목표를 고민해 보자.

장기 목표라고 해도 기간은 일반적으로 1년에서 5년까지 제각각
일 것이다. 나는 개인 목표는 1년 목표로도 충분하다고 생각한다.
1년도 기간으로 보자면 충분히 긴 기간이기 때문이다.

이유는 나중에 설명하겠지만 기간이 1년 이상인 경우라면 목표
는 '이직한다', '독립한다', '집을 구매한다'처럼 간단하게 적어도 문
제가 없다.

목표보다는 주제라고 생각하는 편이 낫다. 목표로 생각하면 완

벽하게 해내야 한다는 생각 때문에 시도조차 하지 못하는 사람이 많기에 가볍게 바라보길 바란다.

비전이 가치관의 표현이라고 한다면 장기 목표는 얻고 싶은 결과이다.

적어보는 것만으로도 가치가 충분하다.

나도 3년 후에는 본격적으로 사업을 시작하고 싶다는 소망과 3년 안에 이직하고 싶다고 그려본 일이 1년 만에 이루어졌다. 나만이 아니라 고객 중에도 3년 안에 이루어지길 바란 일이 반년 만에 실현되었다거나 언젠가 이루어졌으면 좋겠다고 생각한 일이 1년 만에 이루어졌다는 경우가 제법 많다.

머릿속으로만 그리는 일과 서투른 말이라도 적어보는 것과는 변화의 속도가 하늘과 땅 차이다. 망상 활성계RAS, Reticular Activating System가 작용하기 때문이다.

망상 활성계는 관심 있는 분야에 관해서는 뇌가 무의식적으로 많은 정보를 받아들이는 필터 역할을 한다고 한다.

이를테면 임신을 준비하고 있으면 거리에서 임산부를 눈으로 좇게 된다든지 자동차를 사려고 하면 원하는 차량 모델이 눈에 들어오는 것과 같은 작용이 바로 망상 활성계의 기능이다.

망상 활성계의 기능을 잘 살려서 미래와 현재를 위한 정보나 기

회를 얻을 수 있도록 1년 목표를 간단하게라도 적어보자. 생각지도
못한 일을 실현하게 되는 계기가 될지도 모른다.

CHECK LIST

☐ 비전은 가치관의 표현, 장기 목표는 얻고 싶은 결과다.

☐ 1년 후를 상상하며 목표를 적는다.

3

장기 목표의
다섯 가지 함정

앞서 개인 목표는 1년으로 충분하며 1년은 생각보다 긴 기간이라고 설명하였다. 이는 장기 목표의 다섯 가지 함정 때문이다.

한 가지씩 살펴보자.

장기 목표의 함정 - 1
사람들은 대부분 신년 목표를 잊는다

한 연구에 따르면 신년에 목표를 세우고 그 목표를 연말까지 기억하는 사람은 10%도 되지 않는다고 한다.

어째서 많은 사람이 신년에 세운 목표를 잊게 되는 것일까?

그 이유는 목표를 정하고 따로 기록하지 않았거나 작성한 목표
를 되돌아보지 않았기 때문이다. 목표를 세웠다는 사실만으로 만
족하는 사람도 있을 것이다.

처음에는 의기양양하게 목표를 달성하려고 하지만 언제부터인지
해야 할 일을 잊고 아무것도 하지 않다가 결국엔 목표가 있었다는
사실조차 잊게 된다.

또 목표를 적은 다음 매일 본다고 해도 실현할 수 없는 목표를
세웠다면 달성될 리가 없다.

많은 사람이 연간 계획은 신년이나 신년 무렵에 세운다.

새해가 밝았으니 새로운 마음가짐으로 의욕이 넘칠 때 세운 계획
은 상황을 고려하지 않고 흥분된 상태에서 만들기 때문에 현실과
동떨어지는 경향이 있다.

현실감이 떨어지는 목표를 세우게 되면 초반에는 열심히 실천하
다가 시간이 지나면서 '역시 무리한 계획이었어'라며 포기하고 목표
를 완전히 잊게 되는 것이다.

1년 안에 할 수 있는 일을 과대평가한다

1년 안에 할 수 있는 일은 한정되어 있다.

애초에 사람은 소요 시간을 긍정적으로 바라보는 경향이 있다.

'5일이면 끝날 줄 알았는데!'라고 숙제 계획이 틀어져서 여름 방학의 마지막을 괴롭게 보내게 되는 것이 대표적인 예이다.

1979년에 행동 경제학자인 아모스 트버스키와 대니얼 카너먼이 주장한 '계획 오류Planning Fallacy'는 계획을 달성하는 데 걸리는 시간을 실제보다 짧게 예측한다는 이론이다.

그 기간이 1년이나 된다면 어떻게 될까? 예상과 현실의 차이가 벌어지는 것은 너무나 당연한 일이다.

또 세계적으로 유명한 동기부여 전문가인 토니 로빈스의 명언으로 "사람은 1년 안에 할 수 있는 일을 과대평가한다. 그리고 10년 안에 할 수 있는 일은 과소평가한다"라는 말이 있다.

편한 방법으로 빠른 결과를 내고 싶은 것이 사람이다. '3개월 안에 10킬로그램 감량'이나 '3개월 만에 토익 900점 달성!'이나 '월매출 ○○억 원' 같은 표어가 존재하는 이유도 매력적으로 느끼는 사람이 많기 때문이다.

그러나 급한 마음에 결과를 내려고 해도 현실은 녹록지 않다. 1년 안에는 어려워도 10년 동안 계속한다면 큰 변화가 생길 것이다.

또 사람은 지금 안고 있는 불만을 없애려는 마음에 1년 목표에 너무 많은 일을 넣기도 한다. 불만을 기점으로 목표를 세우면 그 일들이 실제로 중요하지 않은 경우가 많다.

예를 들어 야근 많은 회사에 불만이 쌓여서 '주 3일 근무에 월 1,000만 원을 버는 회사'라는 목표를 정했고 실제로 이루었다고 가정해 보자.

목표는 이뤘지만 월 1,000만 원을 우선한 나머지 자신과 맞지 않는 업무에 괴로워하며 이전 회사에서 함께 일하던 동료를 그리워하는 상황이 생길 수도 있다.

어렵게 목표를 세웠어도 정말 중요하지 않은 일에 쫓긴다면 시간만 낭비할 뿐이다.

게다가 부정적인 생각에서 나온 행동은 순발력이 있어도 길게 이어질 수는 없다. 결국은 아무것도 달성하지 못한 채 시간만 흘려보내는 상황에 빠지기 쉽다. 또 자신의 인생을 위해서 꼭 달성해야 하는 일인지 자문자답해 보면 그렇지 않은 경우도 많다. 그래서 많은 일을 계획에 넣기 전에 진정으로 필요한 일인지를 자신에게 물어보도록 하자.

행동하고 나면 목표는 바뀐다

목표를 세우고 행동에 옮기는 도중에 목표가 바뀌는 경험을 해보지 않았는가?

목표가 변하는 것은 당연한 일이다. 무슨 일이든지 해보지 않으면 깨닫기 어렵다.

- 내가 추구하는 방향과 다르다.
- 우선순위가 더 높은 다른 일이 떠올랐다.
- 진심에서 우러나오지 않은 목표를 세웠다는 사실을 깨달았다.

이런 사실은 실제로 움직여 봐야 깨달을 수 있다.

반면 사람은 어딘가 이상하다는 생각이 들어도 한번 세운 계획을 끝까지 고집해서 해내려는 경향이 있다. 이를 '일관성의 원리'라고 부른다. 자기 행동을 일관되게 유지하려는 사고방식이다.

목표를 확고히 다진 후에 계획을 세웠지만, 진행한 결과가 실패라고 느껴져도 다른 방안을 찾지 못하고 목표를 다시 잡지 못하는 사람도 있다.

목표와 계획을 유연하게 수정해서 꾸준히 앞으로 나아갈 수 있도록 여지를 남기는 자세도 중요하다.

목표를 달성하는 기간이 길어질수록 수정할 기회도 늘어나므로 장기 목표는 기준을 잡는다는 생각으로 세워도 충분하다.

장기 목표의 함정 - 4
뒤로 미룬다

신년 목표를 세우면 1월 정도에 그 목표를 실현할 기회가 찾아온다. 그러나 꼭 해야 하는 급한 일이 눈앞에 산더미처럼 쌓여 있으면 '꼭 지금이 아니어도 아직 시간은 있으니까……'라는 생각으로 모처럼 찾아온 기회를 외면하고 당장 급한 눈앞의 일에 집중하게 된다.

그 뒤에는 어떻게 될까?

급한 일을 처리하자마자 다시 급한 일이 눈앞에 나타난다.

다들 한 번쯤 경험한 적이 있을 것이다.

급한 일이 계속 눈앞에 나타나고 어느샌가 신년 목표는 머릿속에서 사라져버린다.

애써 목표를 세운다고 해도 미루면 의미가 없다. 목표가 클수록 뒤로 미루게 될 확률도 높아진다.

시대의 흐름을 읽어라

시대의 흐름을 무시할 수는 없다.

일례로 통신 장비는 1996년에 무선 호출기인 삐삐의 보급률이 정점에 달하고 그 후에는 PHS*와 휴대전화, 스마트폰으로 약 10년 만에 급격하게 변화했다.

그런 와중에 엔지니어인 당신이 매년 빠르게 변화하는 시대의 흐름을 무시하고 1990년대부터 꾸준히 삐삐 개량에 몇 년이나 공을 들였다고 가정해 보자. 그리고 드디어 자신이 인정할 만한 삐삐를 개발하게 되었다.

그렇지만 이미 스마트폰 시대가 되었다. 공을 들여 그럴듯한 삐삐를 개발했다고 해도 이용할 사람이 아무도 없다는 이야기는 극단적인 예이긴 하지만 있을 법한 이야기다.

사실 나도 시대의 흐름을 무시해서 기회를 놓쳤던 경험이 있다.

나는 2008년에 한국으로 유학을 갔으나 유학 자체를 결심했던 시기는 2006년 11월이었다.

---

* 한국에서 사용하던 발신만 가능한 핸드폰인 시티폰과 비슷하며 일본과 일부 중화권에서만 사용되었던 통신 기기

유학을 결심하고 가기까지 어째서 1년이 넘는 시간이 필요했냐고 묻는다면 유학자금을 모으고 한국어 실력을 어느 정도까지는 올리고 싶었기 때문이었다.

그러나 2004년 무렵부터 〈겨울연가〉의 배용준을 시작으로 일본에서 한류 열풍이 불기 시작했다. 그리고 그 열풍은 서서히 드라마에서 K-POP으로 옮겨가며 중년 여성에서 젊은 세대까지 그 범위가 넓어졌다.

한류 열풍과 더불어 내가 유학을 갔던 시기에는 한국 유학이 선풍적인 인기를 끌기 시작했다. 한국의 어학당(한국의 국공립이나 사립 대학이 운영하는 외국인 유학생을 대상으로 한 한국어를 가르치는 학교)에서도 한 반의 30% 이상이 일본인이었을 정도였다.

그래서 한국어를 사용하는 직장에 취업하려 해도 한국어를 잘하는 일본인이 많아지면서 어중간한 유학 경험으로는 취업이 어려웠다. 유학을 미룬 1년 동안 시대의 흐름이 바뀐 것이다.

결국, 어학당을 졸업하고 1년 정도 한국에서 아르바이트로 생활을 유지하다가 취업에 성공했다. 같은 시기 한국 회사에 취업하고 싶은 사람보다 1년 앞설 수 있었다는 아쉬움이 남는다.

결과적으로 유학을 1년 연기했기 때문에 그 회사에 취직한 것이지만 '만약'이라는 말을 시작하면 끝이 없을 정도다.

시대의 흐름을 읽는 일은 자신의 인생을 생각하는 데 있어서 매우 중요하다.

시간이 생기면 가려고 미뤄뒀던 해외여행을 신종 코로나바이러스의 영향으로 가지 못하게 된 것도 그 예 중 하나라고 볼 수 있다.

세상은 나를 중심으로 흘러가지 않는다. 이 사실을 잊지 않길 바란다.

당신이 지금 하고 싶은 일은 정말 나중으로 미뤄도 되는 일인가?

CHECK LIST

- ☐ 사람들은 대부분 신년 목표를 잊는다.

- ☐ 1년 안에 할 수 있는 일을 과대평가하지 마라.

- ☐ 행동하면 목표는 바뀐다.

- ☐ 목표를 세웠다면 미루지 마라.

- ☐ 시대의 흐름을 읽어라.

1년 목표를 3개월 목표
4개로 나눈다

장기 목표의 함정에 빠지지 않고 목표를 이루려면 목표를 세분화
해서 현실적인 계획을 세우고 바로 행동으로 옮기는 일이 중요하다.

1년 목표는 뜬구름 같아서 꿈을 꿈인 채로 흘려보내기 쉽다.

그래서 실행할 수 있는 행동 계획을 세우기 위해서라도 조금 더
작은 단위로 바라볼 필요가 있다.

1년 목표를 3개월 목표 4개로 나누는 방법을 살펴보자.

3개월이라는 기간은 목표를 달성하기까지 필요한 일을 정하기도
쉽고 일정에 넣기에도 편한 기간이다.

1 중기 목표가 필요한 이유

기업의 사업 계획과 경영 계획을 세울 때는 기업이 살아남기 위해서 장기간 해야 할 일을 체크해야 한다. 그래서 5년이나 3년 단위로 중장기 목표를 세우는 일이 기본이 된다.

그러나 앞서 말했듯이 개인은 장기 목표를 세워도 행동으로 옮기고 나면 목표를 바꾸게 되는 경우가 많다. 반면 단기 목표로 계획을 세우면 지금 할 일이 명확히 보이기 때문에 실제 행동으로 옮기기 쉬워진다.

계속 강조한 것처럼 아무리 그럴듯한 계획을 세워도 지금 당장 행동으로 옮기지 않으면 의미가 없다. 행동으로 옮기기 쉽도록 목표도 작은 단위로 설정하자.

기업에서도 중장기 목표부터 세우고 분기별로 목표를 설정하거나 분기 평가를 도입한다.

분기별로 평가를 하게 되면 실적이 올라가거나 사원의 동기부여에 도움이 되기도 하고 팀 내에서 목표를 공유하여 능률이 올라가는 등 기대를 높일 수 있다.

기업에서의 분기별 목표는 단기 목표에 해당하지만, 개인에게는 중기 목표로 볼 수 있다.

개인이 자주 세우는 목표는 하루에서 일주일 정도의 단기 목표와

1년에서 3년 정도의 장기 목표가 많은 편이다. 이 중에서 하나만 세우거나 양쪽 모두를 세우는 사람도 많을 것이다.

그렇지만 단기 목표와 장기 목표만으로는 모처럼 세운 목표가 제대로 효과도 보지 못한 채 포기하게 될 가능성이 커진다. 단기 목표를 세워서 눈앞의 일을 하는 데 열중하거나 장기 목표를 세우고 미래를 위해서 지금 무슨 일을 해야 할지 모르는 상태로 시간만 흘려보내게 되는 안타까운 상황이 발생하는 것이다.

또 단기와 장기, 두 가지 계획을 세운다고 해도 기간의 차이가 너무 크기 때문에 실행할 수 있는 행동 계획을 세우지 못하는 경우가 대부분이다.

그래서 개인 목표를 세울 때도 분기별, 즉 3개월 단위의 중기 목표를 세우기를 강력히 권한다.

2 3개월 목표로 나누는 이유

목표를 3개월로 나누는 이유는 지금 당장 해야 할 일을 정리하기 쉬워지기 때문이다.

1년 목표를 갑자기 오늘 할 일로 정리하기는 어렵지만, 3개월 목표부터 시작하면 목표가 현실적으로 느껴지기 때문에 할 일을 정리하기가 쉬워진다.

여기에 한 가지 이유를 더하자면 활용할 수 있는 시간을 현실적으로 파악할 수 있기 때문이다.

지금 목표를 세웠다고 가정하면 그 목표를 달성하기 위해서 움직일 시간이 어느 정도 있는가? 한 달이나 두 달 앞의 일정은 어느 정도 정해져 있을 것이다.

그 예정된 일을 전제로 하지 않으면 이상만 좇는 계획이 되어 시작부터 실패한 계획이 된다.

3개월 목표를 정하는 방법으로는 1년 목표에서 3개월씩 목표를 나누는 방법과 직후 3개월 목표부터 정하는 방법이 있다.

이 두 방법의 차이점은 얼마나 먼 미래를 그리는지에 있다.

이직할 때 필요한 자격증 시험이 1년 뒤인 사람은 1년 후부터 역산해서 3개월 목표를 세울 수 있다. 그러나 자격증 시험이 3개월 후라면 시험 결과에 따라서 다음 행동이 바뀔 수 있다.

코칭 공부를 해서 그 기술을 활용하여 사업을 하려고 하는 사람과 단순히 코칭에 흥미가 생겨서 먼저 코칭이 어떤 것인지 체험해 보려고 하는 사람은 당연히 목표를 세우는 방법도 다르다. 같은 공부라도 전자는 미래의 일을 어느 정도 정한 상태이지만, 후자는 해보지 않으면 알 수 없는 상태인 것이다.

어느 방법이 좋고 나쁜지를 따지기 전에 어떤 일이든지 일단 시도하지 않으면 미래는 알 수 없으므로 미래를 예측하기 어려운 사람은 무리해서 미래의 계획을 세우지 않아도 좋다.

또 장기 목표를 세우는 일이 익숙하지 않은 사람은 너무 먼 미래의 일까지 고민하지 않아도 된다. 직후 3개월 혹은 6개월까지만 보아도 상관없다. 실제로 해보면 그 뒤의 미래도 서서히 보일 것이다.

어느 방법이든 목표를 정했다면 3개월 목표가 당신의 인생에서 중요하게 생각하는 일, 즉 비전을 이루는 길로 이어지는지를 반드시 체크하길 바란다.

여기에 오차가 있으면 스스로 눈치채지 못한 사이에 브레이크와 가속 페달을 동시에 밟은 상태가 되므로 에너지를 소모하게 된다.

3 3개월에 한 가지 프로젝트를 한다

사실 목표와 꿈은 지금 꼭 해야 하는 급한 일은 아니다. 그래서 아무리 하고 싶은 일이 많아도 눈앞에 쌓인 일을 처리하는 데 집중하게 된다.

그러다가 하고 싶은 일을 행동에 옮길 시간은 영원히 생기지 않고, 꿈과 점점 멀어지게 된다.

취미 활동할 시간이 있었으면 좋겠다든지 자격증 시험공부나 다이어트, 또는 집 안 정리를 하고 싶어도 '시간이 생기면……'이라고 생각하며 뒤로 미루기 일쑤다.

하고 싶은 일을 시간이 생기면 한다고 생각하면 평생 그 시간은 찾아오지 않는다. 다시 말하면 목표와 꿈을 평생 실현할 수 없다는 이야기다.

스티븐 코비가 집필한 세계적인 베스트셀러 《성공하는 사람들의 7가지 습관》에서 소개하는 '시간 관리 매트릭스' p.139 그림 참조 를 들어 본 적이 있을 것이다. 일상생활을 긴급성과 중요도의 관점으로 바라보고 우선순위를 정리해서 생산성을 높이는 시간 관리 개념이다.

사람은 급한 일과 바로 눈에 들어오는 일, 다른 사람이 부탁한 일과 자신이 잘하는 일부터 하려는 경향이 있다. 그렇게 정말 중요한 일이 뒷전으로 밀리게 되어 처리하지 못하는 사태가 발생하기도 한다.

그래서 급해지기 전에 중요한 일부터 집중해야 한다.

꿈과 목표는 당연히 급하지는 않지만, 중요한 일로 분류된다. 급하지 않을 때 일정에 넣고 시작하는 자세가 필요하다.

3개월 목표를 한 가지의 프로젝트로 생각하여 먼저 일정에 넣고 시작하자.

4 1년 목표를 3개월 목표 4개로 나눈다

올해 1년 주제를 자격증 시험 합격이라고 정하고 이 주제를 3개월 목표로 나누어보자.

일단은 3개월 목표라고 부르기보다는 3개월 주제라고 인식해도 좋다.

〈1년 목표: 자격증 시험에 합격한다〉

1월~3월: 일찍 일어나는 습관을 들이고 교재 공부를 통해 인풋과 아웃풋으로 기초 강화하기.

4월~6월: 교재로 인풋과 아웃풋을 반복하여 기출 문제 풀기.

7월~9월: 모의평가 정답률 70%를 목표로 하고 기출 문제 풀기.

10월~12월: 모의평가 정답률 80%를 목표로 하고 기출 문제 풀기.

3개월 목표로 나눌 때의 가장 주의할 점은 이상적인 관점으로만 바라보면 안 된다는 것이다. 특히 초반 3개월은 이미 업무나 예정된 일정이 있으므로 생각만큼 시간을 확보하는 일이 어려울 수도 있다.

초반 3개월은 '이렇게 여유로워도 되나?' 싶을 정도여도 괜찮다. 익숙해지면 조금씩 조정하면 된다.

업무와 관련된 개인 목표의 예도 살펴보자.

〈1년 목표: 작년보다 매출 1억 원 올리기〉

1월~3월: 기존 고객의 의견을 듣고 예상 고객 데이터 정리하기.

4월~6월: 영업 수단 작성과 제안, 영업 매뉴얼을 작성하여 계약 성공률을 20%에서 30%로 올리기.

7월~9월: 예상 고객 월 30건 방문 중에서 10건 계약 체결하기(12월까지 계속).

10월~12월: 3분기의 목표를 그대로 실행하고 나중에 수정하기.

회사의 목표를 부서와 팀 내 목표로 세분화한다.

회사에서 내건 연간 목표를 부서와 팀에서 분기별 목표 4개로 나눈다. 그리고 직후 3개월을 구체적으로 어떻게 움직여 나갈지를 세분화한다.

CHECK LIST

- ☐ 사람은 하고 싶은 일보다 꼭 해야 하는 일과 익숙한 일부터 한다.

- ☐ 목표를 달성하고 싶다면 다른 일정을 넣기 전에 목표 달성에 필요한 시간부터 확보한다.

- ☐ 3개월이라는 중기 목표 혹은 주제를 설정한다.

- ☐ 초반 3개월은 목표를 너무 어렵게 세우지 않는다.

목표를 세우는
시간을 정하라

1 결정이 어려운 사람의 목표 설정

시간을 아깝게 보내는 방법 중 하나가 계속 고민만 하다가 결국 아무것도 하지 못하고 끝나버리는 경우이다.

사람은 매일 많은 결정을 하지만, 특히 중대한 결정은 의식하지 않으면 시간만 계속 흘려보내게 된다.

결단력이 있는 사람은 일반적으로 결정이 빠른 사람을 말한다. 그러나 사실은 속도보다 중요한 것이 결정하고 나서 후회하지 않는 것이다. 물론 빠르게 결정하면 좋지만, 속도를 조절하는 훈련은 나중에라도 할 수 있다.

결정을 빨리했지만 계속 망설이는 건 자신을 믿지 못한다는 증거다.

결정한 후에는 그 결정을 정답으로 믿고 행동하면 된다. 따라서 결정하기 전에 신중하게 검토하여 후회하지 않도록 하자.

그렇다고 무작정 검토만 하는 것이 아니라 결정할 기간을 명확하게 정하는 게 핵심이다. 특히 인생에 영향을 미칠 만한 중대사는 마음의 준비가 될 때까지 미적대며 고민하기 쉽다. 그러나 스스로 기간과 조건을 정하게 되면 현실적으로 느껴져서 행동으로 옮기기 쉬워진다.

나는 25살 무렵에 이직과 유학 사이에서 고민했다. 둘 중 어느 쪽을 선택해도 불안하고 두렵긴 마찬가지여서 결정하지 못하고 시간만 계속 흘려보냈다. 물론 이직도 유학도 선택하지 않고 당시 직장에서 그대로 일한다는 선택지도 있었지만, 그러고 싶지 않았던 나는 어떤 결정을 하게 됐다.

3개월 동안 이직 준비를 해보고 좋은 직장을 찾는다면 이직을 하고 그렇지 않다면 유학을 가기로 정했다. 즉, 결정하는 기간과 조건을 정한 것이다.

실제로 해보니 얼마나 절박하게 이직 준비에 몰입해야 하는지 알 수 있었다.

졸업하면서 꿈을 바꾼 나는 사회에 나가서도 답답한 나날을 보내고 있었다. 당시에도 내가 무슨 일을 하고 싶은지, 어떻게 살아가고 싶은지 깨닫지 못한 상태였다. 그런 상황에서 이직 준비가 잘 될리가 없었다. 나는 결국 유학을 떠나기로 결심했다.

유학을 정하고 나서는 망설이지 않게 되었다. 유학을 내 인생의 전환점이라고 생각하고 무작정 움직이기 시작했다.

결정하는 기간과 조건을 정하는 일이야말로 현실을 바꾸는 일이다. 마음의 준비가 될 때까지 고민한다는 것은 시간을 너무 허비하게 만드는 일이다. 또 이미 결정했더라도 결정한 후에 고민하기 시작한다면 의미가 없다.

사람은 AI와 달리 감정이 있다. 마음이 흔들릴 수 있다는 전제하에 스스로 유예 기간을 두도록 하자. 유예 기간은 어떤 것을 결정하느냐에 따라서 달라진다. 가벼운 일이라면 며칠로 정하고, 이직이나 사업 같은 일이라면 몇 개월이 걸려도 괜찮다. 대신에 유예 기간 동안에 온전히 생각하고 고민하며 마음을 다잡는다. 자신과의 약속을 지키는 일도 자기 신뢰로 이어지기 때문이다.

목표를 지금 당장 정할 수 없다면 조건을 결정하는 마감 기한을 정해서 현실을 바꿔나가자.

2 애초에 완벽한 계획은 존재하지 않는다.

사람들에게 시간 활용법에 관한 질문을 받으면서 알게 된 사실이 있다. 책임감이 강하고 열심히 일할수록 시간에 쫓겨 피곤해하는 사람이 아주 많다는 사실이다.

이런 사람은 자신이 죽기 살기로 노력하고 있다는 사실도 깨닫지 못할 정도로 노력파다.

이런 유형을 '숨겨진 노력파'라고 부르는데, 숨겨진 노력파는 원래부터 책임감이 강하기 때문에 무책임한 행동을 하지 않으려고 하고 실패하고 싶지 않다고 생각한다. 따라서 완벽한 목표와 계획을 세우려는 경향이 강하다.

하지만 목표와 계획을 중간에 수정하는 것은 불가피한 일이다. 기업에서도 검토 후에 수치를 높게 조정하거나 낮게 조정하기도 한다. 개인도 마찬가지다.

나는 3개월 목표를 세워서 일주일을 돌아보고 프로젝트에 성공하는 일을 많은 사람과 함께 해왔지만, 중간에 계획을 수정하지 않고 처음 계획대로 모두 실행하는 사람은 여태껏 단 한 명도 보지 못했다.

모든 사람이 뭐든 해보고 나서야 생각보다 할 일을 너무 많이 넣었다는 사실을 비로소 깨닫고 목표를 수정한다.

그러므로 계획을 세울 때 완벽한 계획을 세우려고 시간을 들이는 일은 의미가 없다. 의식해야 하는 부분은 '완벽하게'가 아니라 '어떻게 하면 즐겁게 행동으로 옮길 수 있을까' 하는 점이다.

목표와 계획을 세우려는 목적은 0인지 1인지, 흑백을 가리려는 것이 아니다. 계획을 완벽히 실행할 수는 없어도 목표를 세워서 70%나 80% 정도 실행하기 위해서다. 목표가 없다면 앞으로 나아갈 시도조차 하기 어렵다.

계획이 완전히 실패했다는 생각이 들면 아무것도 하지 않는 사람도 있다.

승급 시험에서 합격하기 위한 계획을 세웠지만, 매일 업무에 쫓겨서 좀처럼 공부할 시간이 나지 않아 고민하는 사람도 있을 것이다. 그럴 때 생각을 바꿔서 계획을 다시 세우면 좋겠지만, 오늘 하지 못한 만큼 내일 하자고 터무니없는 계획을 세우는 사람도 있다. 오늘도 하지 못한 일을 내일 할 일과 합쳐서 하겠다는 생각은 시작도 하기 전에 이미 실패한 계획이다.

하지만 성실한 사람일수록 변명은 통하지 않는다는 생각에 무리수를 두기 쉽다. 어떻게 해도 앞으로 나아갈 수 없는 순간이 왔을 때 시험 자체를 포기하게 되는 것이다.

목표와 계획은 원래 수정이 필요한 일이다.

완벽한 목표, 완전한 계획은 그 누구도 세울 수 없다.

이상적인 미래를 실현하기 위해서는 움직여야 한다.

목표를 달성하기 위해서 무리하지 않는 선에서 첫걸음을 떼는 일을 '베이비스텝'이라고 한다. 베이비스텝을 밟아 나갈 때 3개월 목표가 핵심이 된다.

우선 단순한 예측이라도 좋으니 3개월 목표를 세우고 세분화해 나가 보자.

CHECK LIST

- [ ] 결정하기 어려울 때는 '결정할 기간'을 정한다.

- [ ] 완벽한 목표와 계획은 존재하지 않는다.

- [ ] 목표와 계획은 실제로 해보면서 조정하는 것이다.

세분화가 어려운 사람은 주목!
타입별 목표 설정법

지금까지 비전에서 1년 목표로, 1년 목표에서 3개월 목표로 직접 나눠보니 세분화가 어렵다고 느끼는 사람도 있을 것이다.

그런 사람을 위해서 세 가지 타입으로 나누어 목표를 설정하는 방법을 안내하려고 한다.

1 세분화가 어려운 사람은 주목!
'1년 → 6개월 → 3개월' 2단계 세분화 방법

1년 목표를 3개월 목표로 나누기 어렵거나, 애초에 1년 목표를 정할 수 없는 경우에는 6개월 목표라는 관점도 생각해 보자.

1년보다는 6개월이 구체적인 목표를 세우기 쉽기 때문이다.

목표를 세분화하는 이유는 '비전 – 장기 목표 – 중기 목표 – 단기 목표 – 오늘 할 일' 단계에 일관성이 있는지 알아보고, 개별로 나눈 목표가 기간과 일치하는지 확인하기 위해서다.

반드시 1년 목표여야 하는 것도 아니고 6개월 목표일 필요도 없다. 앞에서 든 이유가 잘 맞는지 확인하려면 6개월 목표라는 관점에서도 생각할 필요가 있다.

2 현실적인 목표를 정하는 일이 어려운 사람이 1년 목표를 정하는 방법

먼 미래를 상상하는 일을 좋아하는 사람은 그 일을 현실성 있는 계획으로만 만들어도 꿈을 이룰 확률이 올라간다. 그래서 하고 싶은 일을 꿈인 채로 끝내지 말아야 한다.

지인인 B가 '영어로 대화하고 싶다'라고 고민을 털어놓은 적 있다. 영어를 할 수 있으면 다양한 가능성이 열리므로 꼭 이루고 싶다는 이야기였다.

그 후에 우리가 나눈 대화다.

나: 영어로 대화할 수 있게 되면 뭘 해보고 싶어요?

B: 자신감 있게 원어민과 대화할 정도가 되면 해외 거래처 관리를 담당하고 싶어요.

나: 근사한 꿈이네요! 이룰 수 있도록 계획을 짜봐요!

B: 사실, 제가 목표하고 계획 세우는 게 익숙하지 않아서요…….

B는 상상으로는 커다란 목표를 그려도 현실로 구체화하는 일은 어렵다고 생각하고 있었다. 상상은 자유라서 맘껏 할 수 있지만, 마음 한구석에 '어차피 안 되겠지. 어려울 거야'라고 생각하는 마음이 있다고 했다.

목표가 이뤄지지 않았을 때의 불안감 때문에 현실을 직시하지 못하는 게 원인인 듯했다.

그렇지만 실패는 사실 실패한 것이 아니다. 발명가인 토머스 에디슨이 남긴 유명한 말이 있다.

"나는 실패한 적이 없다. 단지 성공하지 못한 일만 가지의 방법을 찾아냈을 뿐이다."

그렇다. 시도했지만 성공하지 못한 것은 실패가 아니다. 오히려 아무것도 하지 않는 것이 진정한 실패다. 시도조차 하지 않는다면 가능성은 0%이기 때문이다.

꼭 성공해야 한다는 마음가짐이 아니라 가볍게 게임을 한다는 생각으로 계획을 세워보자.

B의 '영어로 대화하고 싶다'를 예로 목표를 정해보자.

우선 '영어로 대화하고 싶다'에서 '~하고 싶다'라는 표현은 소망이지 목표는 아니다. 실현하고 싶다면 소망을 목표로 바꿔야 한다.

B의 목표는 '자신감 있게 원어민과 영어로 대화할 정도가 되면 해외 거래처 관리를 담당하고 싶다'였다.

이 목표를 1년 후에 달성하고 싶다고 가정하고, 그 기간과 목표가 타당한지 확인해 보자.

추가로 이번 목표 '자신감 있게 원어민과 영어로 대화할 정도가 되면 해외 거래처 관리를 담당하게 된다'는 크게 세 가지 목표로 나눌 수 있다는 사실을 깨달았는가?

① 원어민과 영어로 대화할 정도가 되고 싶다.

② 원어민과 대화를 하면서 자신감을 얻고 싶다.

③ 일단 한 군데라도 해외 거래처 관리를 담당한다.

많은 사람이 여러 가지 목표를 합쳐서 1개의 큰 목표를 만든다.

그 자체가 나쁜 일은 아니지만, 목표를 이루기 위해서 행동할 때는 목표를 세분화해야 달성 확률이 올라간다.

목표를 세분화했다면, 달성하기까지 1년이라는 기간이 적합한지 살펴보자.

B는 현재 자신의 영어 실력으로 매일 원어민과 대화할 기회가 있다면 ①과 ②는 이룰 수 있다고 판단했다. 다만 ③은 노력을 많이 해야 할 것 같다고 말했다.

나는 B에게 ③을 달성하기 위해 할 수 있는 구체적인 행동을 떠오르는 대로 모두 적으라고 했다. 그래서 나온 행동을 분석해서 정리했다.

- 현지(해외) 산업 박람회에 참가한다.
- 현지 산업 박람회에 참가할 수 있도록 상사에게 프레젠테이션한다.
- 상사에게 허락을 받기 위해서 기획서를 작성한다.
- 기획서를 작성하기 위해서 과거 산업 박람회의 자료를 수집한다.
- 과거 산업 박람회의 자료를 보고서 형태로 정리한다.
- 상사의 허가를 받기 위해서 선배에게 조언을 구한다.
- 사내에서 전략 플랜을 프레젠테이션한다.
- 산업 박람회에서 협상할 때의 시뮬레이션을 해본다.
- 영어로 협상하는 시범 시연을 해본다.

이렇게 행동으로 나누면 구체적으로 할 일이 떠오르게 된다.

이제부터 1년이라는 기간이 적합한지 두 가지의 관점으로 살펴보자.

하나는 자신의 노력만으로는 한계가 있는 부분이다. 이른바 직접 제어할 수 없는 부분인데, 앞의 예시로 보자면 '산업 박람회를 1년 안에 개최하는가?' 같은 문제를 들 수 있다.

또 한 가지는 자신의 노력 여하에 좌우되는 자기 책임의 영역이다. 이번에는 반대로 제어할 수 있는 부분이다.

일단 자신이 컨트롤할 수 없는 부분을 해결할 수 있는지 확인한다.

B의 사례에서는 8개월 후에 산업 박람회가 개최되어서 해결되었다.

이제 B가 1년이라는 기간 안에 실행할 수 있는지 없는지에 따라 달성 여부가 결정된다.

다시 말하면 산업 박람회에 참가하기 위해서 회사의 허가를 받거나 영어를 상급 레벨까지 올릴 수 있는지의 문제인 것이다.

B는 "솔직히 많이 힘들겠지만, 지금 움직이지 않으면 가능성은 제로예요. 지금부터 움직이기 시작하면 1년 후에는 어려울지도 모르지만, 가능성이 아예 없는 건 아니에요. 머릿속으로만 생각하고 그려왔던 일이 현실이 된다는 상상만으로도 두근거려요!"라고 일단 대략적인 계획이라도 진행하기로 했다.

과연 결과는 어땠을까?

B는 그때부터 매일 아침 6시부터 30분 동안 온라인에서 영어 회화 강의를 듣고 영어 회화 실력을 키우기 위해 노력했다. 원어민과 영어로 대화하면서도 당연히 자신감을 얻었지만, 매일 아침 계속 실천했다는 것 자체가 B에게 자신감을 불어넣었다.

그리고 산업 박람회에서는 담당자로서 협상을 하지 못했지만, 상사를 서포트하는 역할을 하게 되어 계약 절차를 직접 경험하게 되었다고 한다.

대단하지 않은가.

사실 이 결과는 꽤 흥미롭다.

목표로 세웠던 일은 '해외 거래처 관리를 담당하고 싶다'였다. 거기에서 더 구체적으로 그리지 않았기 때문에 상사의 서포트 역할로 해외 거래처의 일부만을 담당하게 되는 결과가 나왔다. 그것만으로도 충분히 대단하다고 생각한다.

그러나 B는 메인 담당자로서 협상을 하지 못했다고 아쉬워했다. 사실 B의 마음속에서는 메인 담당자가 되고 싶다는 마음이 더 컸던 것이다. 만약 메인 담당자가 되고 싶다는 목표를 세워서 그에 맞는 행동 계획을 세웠다면 결과는 달라졌을지도 모른다.

그 후에 들은 이야기로는 반년 뒤에 B는 산업 박람회에서 메인 담당자로 해외 거래처 관리를 담당하게 되었고 계약 또한 성사시켰다고 한다.

1년 목표를 세우고 움직였기 때문에 새로운 목표가 명확하게 보이게 되었으며 그 목표에 맞게 행동한 결과 이루어진 것이다.

B는 이렇게 말했다.

"몇 년이나 머릿속에서만 하고 싶다고 생각했던 일을 세분화해서 써봤을 뿐인데, 꿈인 채로 끝나지 않고 이렇게 이루어진다니 놀랐어요. 시간 관리라는 관점에서는 예측한 시간이 부족한 부분도 있었지만, 무엇보다 계획대로 되지 않았어도 차근차근 앞으로 나아간다고 느끼고 있었기 때문에 초조하지는 않았어요. 내가 하려고 하는 일에 단지 시간만 부족했던 건지, 계획을 냉정히 되돌아봤던 게 큰 도움이 된 것 같아요."

계획을 세우지 않는다면 머릿속에서 상상만으로 끝나게 된다. 비전을 기준으로 세분화해 나가면 긍정적인 마음으로 행동에 옮길 수 있다.

현실적인 계획을 세우기 어려운 사람도 한 번쯤 시도해 보길 바란다.

3 미래를 상상하는 일이 어려운 사람을 위한 1년 목표 세우는 방법

미래를 상상하기가 어려운 사람은 눈앞의 일에 집중하면서 실적을 쌓아보자. 눈앞의 일을 꾸준히 해나가는 일이 특기인 사람도 있다. 그런 사람은 굳이 무리해서 미래를 그리지 않아도 상관없다.

C는 장기 목표를 "미래의 일 같은 건 알 수도 없고 목표를 세우고 나면 현실을 직시하게 돼서 마음이 무거워져요. 목표와 마주해야 한다는 중압감에 괴로워지고 생각해 봤자 방법이 있는 것도 아니잖아요"라고 말했다.

눈앞에 할 일이 쌓여 있는데 미래의 일까지 고민하게 되면 중압감에 괴로워져서 장기 목표는 세우고 싶지 않다는 이야기다.

그러나 C는 "해봐야 알 수 있기도 하고 아사코 씨가 추천한 거니까 해볼래요!"라며 이후 3개월 목표와 계획을 스스로 세웠다. 그러더니 "막상 해보니까 괴롭지 않아요! 오히려 이런 일이 실현된다고 생각하니 너무 즐거워서 웃음이 나요. 해보기도 전에 겁부터 먹었나 봐요"라고 이야기했다.

이 일은 C가 특별해서가 아니다. 여기에는 명확한 이유가 있다.

목표의 앞 단계로 인생에서 중요하게 생각하는 가치관인 비전을 언어로 표현하고 계획을 세웠기 때문이다.

C는 원래 먼 미래를 그리는 일에 서툴렀기에 비전을 적는 일도 처음에는 어려워했다.

그래서 갑자기 비전부터 적는 것이 아니라 일단은 '이상적인 하루'를 쓰는 것부터 시작했다. 동시에 현실에서 시간을 활용하는 방법도 옆에 써보길 권했다. 그러고 나니 이상과 현실의 차이가 명확히 드러났다.

'5시에 일어나려고 했지만, 일어나보니 6시였다', '아침에 일찍 일어나서 공부할 시간은커녕 아침 먹을 시간도 없었다', '정시 퇴근이 어렵다'처럼 말이다.

이상과 현실의 차이를 알게 되면서 C에겐 그 차이를 메우려는 의식이 생겨났고, 시간을 활용하는 방법도 바뀌게 되었다. 눈앞의 시간을 자신이 생각하는 이상적인 시간 활용법으로 변화시킨 것이다.

이 반복을 통해 C가 중요하게 생각하는 가치관이 무엇인지 보이기 시작했다.

C는 지금까지 현재 하는 일이 너무 좋아서 업무 중심으로 생활 패턴을 맞췄지만, 업무의 능률을 올리기 위해서는 주변 환경이나 몸과 마음을 다스리는 일도 중요하다는 사실을 깨달았다.

일주일의 절반은 재택근무를 하므로 집이 정돈되어 있지 않으면 집중력이 떨어지거나, 식생활을 개선하지 않으면 체력이 버티지 못한다거나, 운동하지 않으면 체형 유지가 되지 않아서 자기 부정을 하게 되는 것처럼 말이다.

그래서 이런 일을 하는 시간을 가지려면 근무 시간 내에 업무를 마치고 성과를 올려야 했다.

C는 시간과 성과를 의식하는 와중에 '일이 좋아서 일하는 시간을 늘리고 싶어'라고 생각했었지만, 사실 시간을 늘리지 않아도 만족할 수 있으며 오히려 사적인 시간을 알차게 보내고 싶다고 생각이 바뀌게 되었다. 조만간 한 달의 반만 일하고 남은 기간에 해외여행을 하고 싶다는 꿈도 꾸게 되었다.

하지만 C는 장기 목표와 계획을 세우는 일은 피했기에 우선 직후 3개월 목표와 계획을 생각해 보기로 했다. 여기서부터는 앞부분의 내용과 이어진다.

장기적인 관점에서 목표와 계획을 세워도 목표로 하는 방향성을 잡지 못하면 실행에 옮길 때 '여기가 아니라 저쪽인가?', '아냐, 아까 그쪽인 것 같아'라고 계획대로 흘러가지 않는 경우가 자주 일어난다. 그런 경험이 생기면 계획은 괴롭다고 머릿속에서 인식하게 되면서 장기 목표 자체를 세울 수 없게 된다.

그러나 괴롭다고 느끼는 진짜 이유는 자신이 어떻게 살고 싶은지 제대로 고민하지 않았기 때문이다.

비전이라는 확실한 목적지가 있으면 중간에 계획이 틀어지더라도 목표로 향하는 방법이 바뀌었을 뿐이라는 사실을 깨닫는다. 계다가 목표와 계획이 그대로 되지 않아도 '계획대로 흘러가지 않는 것이 인생'이라고 생각을 확실하게 구분 지을 수 있게 된다.

C는 예상했던 방향과 다른 방향으로 가보는 일 자체가 생각했던 것보다 즐겁다는 사실을 깨달았다고 한다.

비전으로 향하는 방법은 여러 가지가 있다. 계획대로 되지 않아도 이룰 수 있는 방법은 무수히 많다.

목표를 세우는 목적은 자신을 옭아매기 위해서가 아니라 즐겁게 미래로 나아가기 위함이다.

CHECK LIST

☐ 1년 목표에서 3개월 목표로 나누기 어려운 사람은 6개월 목표라는 관점을 넣어서 생각한다.

☐ 하고 싶다는 소망을 '된다'나 '한다'는 목표로 바꾼다.

☐ 목표 달성 기간을 대강이라도 좋으니 생각해 본다.

☐ 이상적인 하루와 현실의 하루에서 시간을 활용하는 법을 적는다.

☐ 이상과 현실의 차이를 메우기 위해서 어떤 점을 개선해야 할지 고민해 본다.

3장

Time Coordinate

3개월 목표를 한 달 목표로
나누는 방법

갠트 차트로 3개월을
한눈에 파악하라

3개월 목표를 세웠다면 이제 행동 목표로 세분화해 보자. 갠트 차트를 활용하면 수월하게 나눌 수 있다.

갠트 차트는 미국의 경영 컨설턴트인 헨리 갠트가 고안한 프로젝트 관리나 생산 관리에 널리 쓰이는 공정표다. 전체 일정이나 작업의 진행 상황을 파악하기 수월해서 팀 단위로 움직이는 프로젝트에서 정보 공유를 할 때 도움이 된다.

마감 기한이 정해진 프로젝트에서 전체 그림을 그리기 유용하기 때문에 작업에서 실수를 줄이는 대단히 중요한 툴이다.

다만 개인의 목표에서 세세한 작업 공정을 파악하는 일은 그다지 중요하지 않다. 너무 세세하면 작성하는 일이 번거롭게 느껴진다. 또 중압감을 느끼는 사람도 많다.

오히려 한정된 시간 안에서 목표와 꿈을 위한 시간을 제대로 확보하고 조금이라도 앞으로 나아갈 수 있는지가 중요하다.

그래서 3개월이라는 시간을 한눈에 볼 수 있도록 우리 회사에서는 '3개월 프로젝트 시트'라는 3개월 갠트 차트를 이용하고 있다.

3개월 프로젝트 시트는 한 달을 상순, 중순, 하순으로 나누어서 어떻게 일정이 진행되고 있는지 할 일과 중간 목표를 적을 수 있게 한 것이다.

대체로 어느 기간에 무엇에 집중하고 있는지를 명확하게 알 수 있기에 순조롭게 진행되고 있는지 바로 확인할 수 있다.

CHECK LIST

☐ 프로젝트의 3개월 공정을 간략하게 정한다.

3개월 프로젝트 시트

MY PROJECT	Month								
	상순	중순	하순	상순	중순	하순	상순	중순	하순

❷ 어떻게 일정을 진행할 것인지를
(상순 / 중순 / 하순)으로 나누고
간단하게 할 일을 정한다.

❶ 진행하고 싶은
프로젝트를 적는다.

❸ 할 일을 적은 다음에
세부 작업도 메모한다.

3개월 목표를
한 달 목표로 나눈다

1 3개월 목표를 나누는 계획 기술

1개월 목표를 세우려면 우선 3개월 목표를 달성하기 위한 구체적인 방법을 고민해야 한다. 목표를 다시 수치화한 뒤, 목표 달성에 필요한 일들을 세분화하는 것이다.

'1년 후, 자격증 시험 합격'을 예로 들어 3개월 목표를 구체적으로 나눠보자.

① 3개월 후에 무엇을 달성하고 싶은가? (3개월 주제)

예 자격증 시험에 합격하기 위해서 시험 범위를 한 번 읽는다.

② **어떤 성과를 올리고 싶은가?** (3개월 후의 목표를 수치화하기)

　수치는 매출, 사람 수, 체중 ○○킬로그램, 토익 ○○○점, 집 ○군데 정리하기 등 구체적으로 정한다.

　예 문제집을 2번 반복해서 풀고 끝낸다(300문제×2회).

③ **②의 올리고 싶은 성과를 달성하기 위한 구체적인 방안을 생각한다.**

　예 평일은 하루에 5문제 풀기(약 1시간).

　　주말은 하루에 10문제 풀기(약 2시간).

　　주말은 문제를 푸는 시간 이외에 추가로 1주일 분량 복습하기.

④ **②의 올리고 싶은 성과를 역산해서 중기 목표 지점으로 이정표를 작성한다.**

　예 1개월에 200문제 풀기.

⑤ **②의 올리고 싶은 성과를 달성하기 위해 필요한 과제를 구체화하고 행동 규칙도 함께 적는다.**

　예 평일 5시에 일어나기.

　　한 시간 빨리 집에서 나와서 카페에서 5문제를 푼다(집에서 잠드는 상황을 방지하기 위해서).

　　주말에는 오전 8시~11시를 학습 시간으로 정하고 10문제를 풀고 복습한다.

아침에 일찍 일어나는 습관을 들이기 위해서 밤에는 늦어도 11시에 취침한다.

이 계획이 실현할 수 있는 계획인지 검토하고 수시로 수정한다.

이런 일들은 3개월 프로젝트 시트에서 수집한 실제 사례다.

구체적으로 적어서 이를 시간 축으로 한눈에 보이도록 두면 시각적으로 기억하기 쉬워진다.

게다가 목표를 달성하기 위한 시간이 한정적이라면 24시간 전체를 정리할 필요가 있다.

하루에 어느 정도의 시간을 목표 달성에 투자할 수 있는지 1주일에서 2주일 정도 기록해 보자. 또 평일과 휴일을 보내는 방법이 다른 사람은 양쪽 다 기록해야 한다.

시간을 정리할 때의 기본은 수면 시간을 제일 먼저 확보하는 일이다. 적어도 7시간은 자야 한다. 그렇지 않으면 뇌가 피로해져서 집중할 수 없으므로 결과적으로 능률이 떨어진다.

24시간에서 7시간을 제외하면 남는 시간은 17시간이다. 17시간에서 업무와 집안일, 육아, 병간호 등 필요한 시간을 빼면 시간이 어느 정도 남는가?

현실적인 수치를 확인하면 시간은 한정되어 있다는 사실을 깨닫게 된다.

2 목표 달성 법칙에 구애받지 않아도 된다

SMART 법칙이라는 유명한 목표 설정 방법이 있다. 다섯 가지 기준에 따라서 목표를 설정하는 방법인데 이 기준에 따라서 설정하면 목표 설정의 정확도가 올라가서 목표 달성에 효과적이다. SMART는 여러 단어의 앞 글자를 따온 것이다.

- Specific (구체성): 목표가 구체적인가?

  예 자격증 시험에 합격한다.

- Measurable (측정 가능성): 수치로 달성도를 측정할 수 있는가?

  예 시험에서 정답률 90%를 달성한다.

- Achievable (달성 가능성): 달성할 수 있는 목표인가?

  예 공부할 시간만 있다면 충분히 달성할 수 있다.

- Relevant (관련성): 목표를 달성하면 나에게 이익이 되는가?

  예 시험에 합격하면 승진할 가능성이 커진다.

- Time-bound (기간의 명확성): 기간을 설정했는가?

  예 6개월 후에 있을 자격증 시험에 합격한다.

보면 알 수 있듯이 Achievable^(달성 가능성) 부분이 조금 애매하다. '공부할 시간만 있으면'이라는 말은 바꿔 말하면 시간이 없으면 목표를 달성할 확률도 낮아진다는 이야기다.

목표를 세워서 행동으로 옮기면 목표를 달성하게 될 가능성이 커지기 때문에 행동 계획이 정말로 실행에 옮길 수 있는지가 중요하다.

다시 말하면 실행할 수 있는 행동 계획을 세우는 일이 목표 달성으로 가는 지름길이라는 이야기다.

이외에도 다양한 목표 설정 법칙이 있으며 이를 활용해서 인사 평가하는 기업도 많다. 기업에서는 일정한 평가 기준이 있어야만 공정하게 직원을 평가할 수 있으므로 이런 명확한 기준을 근거로 목표를 설정하는 일이 중요한 것이다.

개인도 명확한 기준이 있어야 목표를 관리하기 쉽다고 느끼는 사람은 계속 활용하기를 권한다.

반면에 개인적인 꿈이나 하고 싶은 일을 이런 법칙에 의지하면 해야 한다는 중압감이 커져서 즐거움을 잃게 되는 사람도 적지 않다. 이런 사람은 법칙에 구애받지 말고 고민해 보자.

나도 개인적으로 가지런히 정돈된 목표는 재미가 없어서 행동으로 옮기지 못한다. 일이라면 다르지만, 개인 목표와 꿈일 때는 법칙을 크게 신경 쓰지 않아도 괜찮다. 목표 설정 법칙에 따라야 실천하기 쉬워지는 사람은 활용하고 그렇지 않은 사람은 상황에 맞추어서 고민하면 된다.

어느 유형이 좋고 나쁘다고 말할 수 없다. 당신이 어떤 타입인지 파악하는 것이 중요하다.

CHECK LIST

- [ ] 3개월 후에 무엇을 달성하고 싶은지(3개월 테마)를 적는다.

- [ ] 성과로 무엇을 얻고 싶은지(3개월 후의 목표를 수치화한다)를 적는다.

- [ ] 성과를 올리기 위한 구체적인 방법을 적는다.

- [ ] 올리고 싶은 성과에서 역산해서 이정표(중간 목표 지점)를 둔다.

- [ ] 성과를 올리기 위해서 필요한 일을 구체화하고 행동 법칙을 적는다.

- [ ] 자신이 목표 설정 법칙을 활용하면 의욕이 올라가는 타입인지 아닌지 생각해 본다.

할 일도 큰 것에서
중간 크기로 나누자

3개월 프로젝트 시트를 활용하면 과제를 수월하게 세분화할 수 있다.

과제란 목표 달성을 위한 구체적인 행동이다. 목표를 세분화하면 구체적인 과제도 쉽게 나눌 수 있다.

먼저 실행이 가능한지 아닌지를 검증하기 위해서라도 머릿속으로만 생각하지 말고 하고 싶은 일을 프로젝트 1, 2, 3…… 이런 식으로 자유롭게 적어보자.

작성한 내용에서 1개월을 상순, 중순, 하순으로 나누어서 3개월이라는 큰 과제를 10일 간격의 중간 과제로 세분화한다.

1년 후 자격증 시험 합격을 다시 예로 들면 102페이지에서 구체적인 방법을 볼 수 있다. 평일에는 5문제씩 풀고 휴일에는 10문제씩 풀기로 했으므로 10일 목표는 약 67문제 풀기로 정하면 된다.

　이 예시에서는 기준을 문제 수로 정했기 때문에 이해하기 쉽다.

　그렇다면 세분화하기 어려운 예를 살펴보자.

예1 기간: 10월~12월

① 3개월 주제

　신규 사업안을 완성한다.

② 3개월 후의 목표

　신년 회의에서 발표할 수 있도록 12월 20일까지 상사의 승인을 받는다.

③ 구체적인 방법

　승인을 받기 전에 세 번 확인받는다.

④ 이정표

　1) 10일 31일까지 방향성 확인을 위해 자료 시안 작성 후 상사에 게 첫 번째 체크.

2) 11월 30일까지 자료의 70%를 완성해서 상사에게 두 번째 체크.

⑤ 과제의 세분화와 행동 규칙

- 주 2일(회의처럼 특별한 일이 없다면 화요일과 수요일) 오전 중에 2시간을 기획서 작성을 위한 시간으로 확보한다.
- 계획대로 시간을 확보할 수 없어도 반드시 일주일에 4시간은 어떻게 해서라도 시간을 확보한다.
- 상사의 스케줄을 미리 확인한다.

⑥ 10일 간격으로 중간 과제

- 10월 상순: 리서치.
- 10월 중순: 리서치, 방향성을 잡는다.
- 10월 하순: 타깃과 고민, 목표, 콘셉트를 자료로 정리한다.
  상사의 첫 번째 체크.
- 11월 상순: (상사가 체크한 후에 조정)
- 11월 중순: (상사가 체크한 후에 조정)
- 11월 하순: 자료의 70% 완성. 상사의 두 번째 체크.
- 12월 상순: (상사가 체크한 후에 조정)
- 12월 중순: 상사의 최종 체크.
- 12월 하순: 버퍼(공백) 시간(126페이지 내용 참조)

예2 기간: 1월~3월

① **3개월 주제**

· 퍼스널 트레이닝.

② **3개월 후의 목표**

3월부터는 퍼스널 트레이닝을 시작해서 주 3회 다니기를 습관으로 만든다.

③ **구체적인 방법**

인터넷 검색을 통해 조사하고, 실제로 체험한 뒤 나와 잘 맞는 퍼스널 트레이너를 찾는다.

④ **이정표**

1) 1월 31일까지 검색 완료.

2) 2월 28일까지 체험 완료 후에 퍼스널 트레이너와 계약.

⑤ **과제의 세분화와 행동 규칙**

· 고민하는 부분과 개선하고 싶은 점을 적는다.

· 퍼스널 트레이닝에서 얻고 싶은 부분을 적는다.

· 인터넷에서 검색한다.

· 후보가 될 만한 헬스장을 찾는다.

- 괜찮다고 생각하는 곳에서 체험해 본다.
- 주 3회 퍼스널 트레이닝을 받는다.

⑥ **10일 간격의 중간 과제**

- 1월 상순: 고민하는 부분과 개선하고 싶은 점을 적는다.
  퍼스널 트레이닝에 바라는 점을 적는다.
- 1월 중순: 인터넷에서 검색하고 후보를 찾는다.
- 1월 하순: 후보 선정 후에 순서대로 체험해 본다.
- 2월 상순: 체험 후 조정.
- 2월 중순: 체험 후 조정.
- 2월 하순: 적합하다고 생각하는 퍼스널 트레이너와 만나서
  계약한다.
- 3월 상순: 퍼스널 트레이닝을 시작하고 주 3회는 꾸준히 다닐
  수 있도록 한다.
- 3월 중순: (3월 상순 결과에 따라서 조정)
- 3월 하순: 주 3회 다니는 것을 습관으로 만든다.

이렇듯 큰 과제를 중간 과제로 세분화해 보자.

CHECK LIST
☐ 3개월의 큰 과제를 10일 간격의 중간 과제로 세분화한다.

4장

Time Coordinate

한 달 목표를 일주일과
하루 목표로 나누는 방법

한 달 목표를
일주일 목표로 나눈다

1 할 일은 일주일 단위로 관리한다

제3장에서는 3개월 목표를 한 달 목표로 나눈 후에 할 일을 10일 단위의 중간 과제로 나누었다. 지금부터는 할 일을 15분에서 1시간 정도에 끝낼 수 있도록 세분화하려고 한다. 할 일을 바로 실행할 만한 크기로 나누는 것이다.

109페이지의 '10월 상순: 리서치'를 예시로 살펴보자. 이 목록을 다루기 쉽도록 15분에서 1시간 안에 끝낼 수 있는 일로 세분화한다. 경쟁사 A사의 사업 사례를 예시로 정리하여 나눌 수 있다. 할 일은 한 달이나 일주일 단위보다는 당장 행동에 옮길 수 있는 크기로 세분화하는 편이 좋다.

할 일 목록을 매일 관리하는 사람도 있지만, 나는 일주일 단위로 관리하기를 추천한다. 갑작스러운 상황에 대처할 수 있으며 상황에 맞추어서 해야 할 일을 확실하게 정리할 수 있기 때문이다.

급한 업무를 배정받거나 고객과의 약속이 변경되거나 가족이 아파서 간호해야 하는 것처럼 예기치 못한 상황이 생길 수도 있다. 게다가 이런 상황은 대부분 대처가 급한 경우가 많아서 어쩔 수 없이 예정을 바꾸게 되기도 한다.

그런 상황에서 매일 TO DO 리스트를 작성하다 보면 '오늘도 급한 일이 생겨서 리스트 작성을 제때 하지 못했네'라며 자신을 비하하는 불필요한 시간을 쓰게 된다. 이런 시간은 할 일을 일주일 단위로 관리하면 줄일 수 있다.

이번 주의 중요한 일을 월요일부터 실행하던 차에 수요일에 급한 업무가 생겼다고 가정해 보자. 게다가 그 업무는 빨리 처리해야 하는 일이다. 그렇다면 이번 주 할 일 목록을 확인해야 한다.

이번 주 내로 반드시 해야 하는 일을 월요일이나 화요일 정도에 끝낼 수 있다는 판단이 서면 급한 업무를 받아도 괜찮다. 예정된 이번 주의 남은 할 일은 다음 주로 예정을 바꾸면 된다.

다시 말하면 일주일의 할 일 목록을 작성할 때 우선순위가 높은 일을 그 주의 초반에 끝낼 수 있도록 일정을 짜라는 이야기다.

★ 3개월 프로젝트 시트를 활용해서 할 일을 일주일 단위로 나눈다.

3개월 프로젝트 시트

MY PROJECT	10월			11월			12월		
	상순	중순	하순	상순	중순	하순	상순	중순	하순
신규 사업안 완성하기	❶ 시안 작성	→	부장님 첫 번째 체크	시안 수정	→	부장님 두 번째 체크	수정	부장님 최종 체크	완성
자격증 시험 합격을 위해 문제집 2회 풀기 (300문제x2)	5시에 일어나는 습관 만들기 ❷ 평일 5문제 주말 10문제+복습		200문제			400문제			600문제
해외여행	어디에 갈지 가족회의		결정	숙박할 곳 찾기	결정				가족 여행 모두 한 해 동안 고생했어~!!
퍼스널 트레이닝으로 3kg 감량	체험 신청	퍼스널 트레이닝 시작	트레이너 선정	계획은 주 3회로 설정					

10월

시간	2일(월)\n출근	3일(화)\n재택근무	4일(수)\n재택근무	5일(목)\n재택근무	6일(금)\n출근	7일(토)	8일(일)
4							
5	기상 후 준비						
6	이동						
7	❷ 자격증 시험공부						
8	1~5	6~10	11~15	16~20	21~35		
9						자격증 시험공부\n1~35 복습	
10		10:00 T사\n온라인 미팅	❶ 신규사업\n자료 만들기				
11	이동				11:00 온라인\nA사와 계약		가족과\n외출
12							
13	13:00\nS사 취재	13:00 C사\n온라인 미팅	팀 회의			학원 픽업 &\n장보기	
14							
15	이동	15:00 A사\n온라인 미팅					요리 재료\n준비
16							
17							
18	〈Family Time〉						
19							
20							
21							
22	M씨 전화			클라우드\n사인 송신	경비 정산\nC사와 약속	퍼스널 트레이닝\n체험 신청	
23							
0				A씨와 약속	부장님과의\n미팅 정하기		
1							
2							
3							

만약 월요일에 급한 업무가 생겼다면 어떻게 할까?

그런 경우에는 우선 이번 주에 원래 하려고 했던 일 중에서 기간 내에 꼭 끝내야 하는 일을 골라낸다.

계획한 일의 마감 기한과 실행 기간이 얼마나 걸릴지 예측 시간을 확인한다.

그리고 급한 업무를 처리할 시간은 얼마나 걸릴지 예상해 보면서 우선순위를 정하는 것이다.

시간이 부족하다는 판단이 들면 따로 맡길 수 있는 사람을 찾는 대책도 고민해 볼 수 있다.

2 일주일이라는 시간을 바로 파악할 수 있게 만든다

그렇다면 목표와 꿈을 이루기 위해서 움직일 시간은 일주일에 얼마나 필요할까?

현실적인 목표와 계획을 세우기 위해서라도 일단 시간이 얼마나 있는지부터 파악해야 한다.

이상적으로 생각하지 말고 현실적으로 고민해 보자. 하루는 24시간이고 일주일은 24시간×7일로 계산하면 168시간이다. 이 시간 중에서 목표와 꿈을 위해서 움직일 수 있는 시간은 몇 시간이나 될까? 먼저 그 시간부터 확실히 파악해 두자.

사람에게 시간은 항상 있는 게 당연한 존재다. 하루가 24시간이기 때문에 죽지 않는 한, 시간은 항상 눈앞에 존재한다. 시간은 한정적인데도 바쁜 일상을 정신없이 보내다 보면 시간의 감사함을 나도 모르게 잊게 된다.

시간을 바로 파악할 수 있도록 만들어서 시간이 한정되어 있다는 사실을 항상 잊지 않도록 하자.

3 목표와 꿈을 위해서 움직일 시간을 확보한다

일주일 동안 목표와 꿈을 위해서 움직일 수 있는 시간을 확인했다면 그 시간을 최대한 활용할 수 있는 방법을 생각해 보자.

일정을 세울 때 급해서 당장 해야 하는 일이나 다른 사람과의 약속 때문에 일정을 뒤로 미루는 사람이 많을 것이다.

이렇게 일정을 세우는 방법이 시간에 쫓기는 이유가 되기도 한다. 일정을 세울 때는 목표와 꿈을 위해 움직일 시간을 먼저 확보해야 한다.

다시 말해서 목표와 꿈을 이루기 위해서 행동에 옮기는 시간처럼, 중요한 일이 급한 일이 되기 전에 미리 처리하려는 자세가 중요하다. 그러므로 그 시간만큼은 꼭 지키도록 해야 한다.

특히 자신과의 약속을 가장 뒤로 미루는 사람은 주의해야 한다.

이런 사람은 다른 사람과 약속이 생기면 어떻게 해서든지 일정을 바꾸려고 한다. 미래를 위해서 스스로 약속했던 시간을 비워진 것처럼 가볍게 내어 주기도 한다. 이런 식이면 꿈과 목표가 이뤄지는 날은 절대 오지 않는다.

★ 계획을 세울 때의 포인트

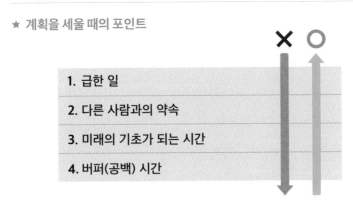

사람은 1→2→3→4 의 순서로 일정을 세우기 쉽다.
하지만 이 순서로는 계속 시간에 쫓기게 된다.
4→3→2→1 의 순서로 일정을 세운다고 생각하자!

미래를 위해서 해야 할 일을 먼저 일정에 넣어두지 않으면 급한 일이나 다른 사람과의 약속만 점점 늘어나서 항상 시간에 쫓기는 상태가 된다. 그렇게 새로운 도전도 하지 못하고 목표를 이루게 될 확률도 낮아지게 된다.

반대로 미래를 위해서 해야 할 일을 먼저 일정에 넣게 되면 시간에 여유가 생긴다. 목표와 꿈을 향해 달려갈 수 있기에 달성할 확률도 올라가는 것이다.

목표와 꿈을 향해서 움직일 시간을 꼭 확보하려면 다이어리나 스마트폰 애플리케이션에 일정을 적어두는 편이 좋다.

CHECK LIST

- ☐ 할 일은 일주일 단위로 관리하면 여유로워진다.
- ☐ 일주일 안에 목표와 꿈을 위해서 사용할 시간이 얼마나 되는지 확인한다.
- ☐ 목표와 꿈을 위해서 행동에 옮길 시간을 가장 먼저 확보한다.
- ☐ 확보한 시간을 플래너에 적는다.

실천 가능한 계획을
세우는 3단계

애초에 계획은 생각대로 되지 않는 일이라고 생각하는 사람이 많을 것이다.

그러나 계획은 이상만으로 세우는 것이 아니라 현실적이고 실현할 수 있는 계획을 세우려는 자세가 필요하다. 계획대로 진행될 때 얻을 수 있는 성취감의 효과가 높기 때문이다.

사람은 성취감을 느끼면 더 달성하고 싶다는 의욕이 생기기 때문에 계속 움직일 수 있게 된다.

오늘도 제대로 하지 못했다는 부정적인 피드백을 매일 반복하는 것과 오늘도 해냈다는 긍정적인 피드백이 이어지는 것을 비교해 보면 후자가 기분 좋은 성취감이 가득한 일상을 보낼 수 있다는 사실은 지극히 당연하다. 성취감이 쌓이고 쌓일 때 자신에게 미치는 영향은 대단히 크다.

실행 가능한 계획을 세워야 한다는 인식이 중요하다.

1 기록한다

계획대로 진행되지 않는다면 목표를 달성하기 위한 시간에 비해서 할 일을 너무 많이 넣었을 가능성이 크다.

어째서 정해진 시간보다 할 일을 더 많이 넣게 되는 것일까?

실행하는 데 걸리는 시간을 잘못 예상했기 때문이다.

30분이면 끝나리라고 생각했던 일에 1시간이 걸리고, 1시간이면 끝날 것으로 생각했던 일에 2시간이 걸렸다. 이런 오차가 쌓여서 결국 실행할 수 없는 계획이 되는 것이다.

오차가 없는 계획을 세우기 위해서라도 일의 실제 소요 시간을 제대로 파악하고 있어야 한다.

무슨 일에 시간이 얼마나 걸리는지를 기록해 보자.

일단 기간은 2주일로 잡는다. 매일 모든 일을 기록하려면 답답하다는 느낌이 들 수 있으니, 생각이 날 때마다 기록해도 좋다.

2 예상 시간을 계산한다

소요 시간을 정확히 예상하는 방법은 경험밖에 없다는 이야기도 사실이다. 경험이 쌓이면 쌓일수록 시간을 더 정확하게 예측할 수 있기 때문이다. 하지만 경험에만 의존하기엔 시간이 아깝다.

그래서 2주일 동안 예상 시간을 생각하면서 기록하는 것이다.

먼저 '이 일은 얼마나 걸릴까?'라고 예측한 뒤 실제로 해보고 끝낸 후의 결과 시간을 적는다. 그렇게 하면 예상 시간과 결과 시간의 차이를 확인할 수 있다.

★ 예상 시간의 정확도를 올리는 방법

실행
할 일에 걸리는
시간을 계산한다.

수정
예측 시간의
수정 & 설정

결과
실제로 걸린
시간을 파악한다.

물론 같은 일이라도 상황과 환경에 따라서 시간의 차이가 생길 수도 있다.

여기에서 포인트는 완벽하게 걸리는 시간을 예상하는 것이 아니라 평균치를 계산한다는 느낌이다. 정정할 수 있을 정도의 오차라면 상관없다.

일정을 짤 때는 걸리는 시간을 예상한 후에 계획을 세운다.

각각 할 일에 실제로 걸린 시간을 확인하고 나면 '이 정도 시간이 걸리는구나'라고 시간을 잘못 예측했다는 사실을 알아차릴 것이다. 예상한 시간 내에 끝내지 못한 경우는 다음에 예측할 때 부족했던 시간도 포함한다. 그래서 '실행 → 실제로 걸린 시간 체크 → 예상 시간 수정'을 반복해 본다. 이렇게 하면 예상 시간의 정확도는 점점 올라간다.

시간을 예상하는 행동의 이점은 '예상 시간 내에 끝낸다'라는 의식이 작용하여 집중력을 오래 유지할 수 있다는 점을 들 수 있다.

3 버퍼 시간을 일정표에 넣는다

어느 정도 정확한 예상 시간을 계산했다면 만일을 대비하여 더욱 실행 가능한 계획에 가깝게 만들기 위해서 버퍼 시간도 같이 일정에 넣어보자.

버퍼는 '완충재'라는 의미로 비즈니스 업계에서는 여백 시간이라는 의미로도 사용된다. 급하게 처리해야 할 안건이나 문제에 대응하는 것처럼 갑작스러운 상황이 발생할 때 대처할 수 있는 시간을 이르는 말이다.

버퍼 시간을 처음부터 일정표에 넣으면 일정을 늦추거나 만회할 수 있으며 상황에 따라서는 계획을 앞당겨 실행하는 일도 가능하다.

버퍼 시간을 설정하는 방법은 여러 가지가 있다. 어디에 넣어야 자신에게 맞는 방법이 될지 실제로 시도하면서 고민해 보자.

패턴 ① 할 일 목록마다 버퍼 시간을 설정한다.

예 예상 시간이 30분인 일 + 10분의 버퍼 시간

9시부터 9시 40분 일정에 넣는다. 실행할 때는 30분으로 타이머를 설정한다.

패턴 ② 하루의 마지막에 버퍼 시간을 설정한다.

예 업무 종료 1시간 전인 17시부터 18시까지는 아무런 약속도 잡지 않는다. 18시에 퇴근할 수 있도록 이 1시간 안에 오늘 끝내지 못한 업무를 다 마친다.

패턴 ③ **일주일의 마지막에 버퍼 시간을 설정한다.**

예 금요일 하루를 버퍼 시간으로 설정해서 아무런 일정도 넣지 않는다. 프리랜서로 일하는 사람에게 추천하는 방법이다. 월요일에서 목요일에 하지 못한 업무를 금요일 일정에 넣는다.

버퍼 시간은 마감 시간에 당황하지 않게 해줄 뿐만 아니라 일정 조정과 새로운 아이디어 창출, 마음을 여유롭게 하는 데까지 도움을 준다.

버퍼 시간을 제대로 이용하는 것은 목표 달성에서 빠질 수 없는 기술이다.

CHECK LIST

- ☐ 무슨 일에 어느 정도의 시간이 걸렸는지 기록한다.
- ☐ 예상 시간과 결과 시간을 적는다.
- ☐ 오차가 어느 정도인지 파악해서 예상 시간의 정확도를 올린다.
- ☐ 버퍼 시간을 어디에 넣을지 자신에게 맞는 방법을 알아 둔다.
- ☐ 버퍼 시간을 일정표에 넣는다.

할 일 관리로
목표 달성률을 올려라

팀에서 프로젝트를 진행하는 경우에는 전체적인 진행 상황을 관리하면서 그 상황에 맞추어서 개인이 업무를 분담하게 된다. 자신이 전체적인 진행 상황보다 많이 늦어진다면 다른 사람에게 민폐를 끼치게 된다.

이런 책임감이 업무를 실행할 때 강제력으로 작용한다.

그러나 개인의 목표와 꿈의 실현에서는 하든 하지 않든, 빠르든지 늦든지 모두 자유다. 그 대신 스스로 움직이지 않는다면 아무런 진전도 없다. 바로 자기관리를 더 철저하게 해야 하는 이유다.

그래서 모든 일을 효율적으로 관리하고 진행해야 하나, 그 전에 몇 가지 주의 사항을 설명하려고 한다.

1 TO DO 리스트 작성이 아니라 할 일 관리를 하라

할 일을 쓰는 이유는 무엇일까?

잊지 않기 위해서라거나 머릿속을 정리하기 위해서 같은 다양한 이유가 있겠지만, 가장 큰 목적은 할 일을 세분화하고 우선순위를 매겨서 진행 상황을 관리하고 효율적으로 나아가기 위함이다.

특히 한정된 시간 안에 목표와 꿈을 실현하려고 할 때 다음에 무슨 일을 해야 할지 고민하게 되면 시간만 허비하게 된다.

그렇다면 할 일 목록과 TO DO 리스트의 차이점은 무엇일까?

TO DO는 기한을 정하지 않고 언젠가 해야 하는 일인 반면에 할 일은 정해진 기간이 있어 그때까지 꼭 해야 하는 업무를 가리킨다.

TO DO는 기한이 정해져 있지 않으므로 리스트를 작성한 순서에 따라서 진행하거나 리스트 중에서도 바로 끝낼 만한 일부터 시작하게 된다.

또 한눈에 우선순위를 파악하기 어렵기에 무슨 일부터 시작해야 할지 고민하는 시간이 필요해서 시간을 낭비하게 된다.

★ To Do 리스트와 할 일의 차이

To Do 리스트	할 일
설정된 기간이 없다. **언젠가 하면 되는 일**	**설정된 기간이 있다.** **언제 할지가 정해진 일**
한눈에 우선순위를 파악할 수 없어서 무슨 일부터 해야 할지 고민하는 시간이 생긴다.	해야 하는 일과 마감 기한이 정확해서 바로 작업에 들어갈 수 있다.

반면에 할 일은 '며칠 몇 시까지'처럼 기간이 정해져 있기 때문에 그때까지 끝내야 한다는 의지가 작용하여 목표 달성률이 올라간다. 또 해야 할 일과 마감 기한이 이미 정해져 있기에 한눈에 우선순위를 알 수 있다. 그러면 무엇부터 해야 할지, 다음은 무슨 일을 할지 고민하지 않게 되어 집중력이 쭉 이어지기 쉽다.

마감 기한이 없으면 집중력도 끊기게 되고 내일 하자거나 조금 쉬고 하자는 마음이 들어 뒤로 미루게 될 확률도 높아진다. 할 일을 적어두면 TO DO 리스트인 채로 두지 말고 기간을 꼭 설정하도록 하자.

또 마감 기한을 적을 때는 할 일 목록의 왼쪽에 적는다. 사람은 왼쪽에서 오른쪽으로 시선이 움직이기 때문에 가장 중요한 일을 왼쪽에 적어두면 바로 눈에 들어와서 판단할 때 망설이지 않게 된다.

★ 마감 기한은 왼쪽에 적는다.

기한	할 일
12/7	☑ A사 견적서 작성
12/15	☑ B사 프레젠테이션 자료 작성
12/22	☑ 앙케트 결과 집계
⋮	⋮

우리는 업무만이 아니라 가정과 앞으로의 목표 같은 다양한 상황을 안고 살아간다. 그래서 할 일을 관리할 때 상황을 구분하지 않고 한 번에 정하게 되면 중요한 일을 빠뜨리거나 우선순위를 착각하게 되기도 한다.

그런 일을 방지하기 위해서는 상황별로 분류해서 관리하는 자세가 중요하다. 스마트폰 애플리케이션으로 나누거나 다이어리에 색을 바꿔서 적어놓는 방법 등 자신이 관리하기 쉬운 방법을 찾아보길 바란다.

2 세세한 일까지 적는 행동의 위험성

세세한 일까지 적는 행동은 상황에 따라서는 장점이 될 수도 있지만, 반대로 단점이 될 수도 있다.

할 일의 50%는 1시간 안에 끝낼 수 있다고 한다. 완료한 일에 빨간 줄을 그으면 성취감도 있으며 쾌감을 얻을 수 있다.

쾌감으로 그친다면 괜찮지만, 작은 일을 끝냈다고 해서 '오늘도 해냈다'는 착각은 꽤 위험한 판단이다.

자그마한 성취감을 얻는 일에 시간과 노력을 쓰게 되면 정말 중요한 일이 뒷전으로 밀리는 상황을 눈치채지 못할 우려가 있기 때문이다.

미래를 위해서 할 일과 일상의 작은 일은 각각 나누어서 적도록 한다.

그렇게 하면 미래를 위해서 할 일에 먼저 집중하면서도 집중력이 떨어질 때나 마감 기한이 임박했을 때 망설이지 않고 작은 일에 착수할 수 있게 된다.

어쩌다 시간이 생겼을 때 '뭘 하지'라고 고민하는 시간이 줄어들어서 시간 낭비를 줄이고, 해야 할 일을 빼놓지 않고 처리할 수 있기 때문에 적극적으로 추천하는 방법이다.

급하지 않지만 중요한 일에 먼저 집중하는 습관을 들이기 위한 이정표를 만들자.

★ 꿈에 가까워지기 위해 할 일을 나누어 작성하는 방법

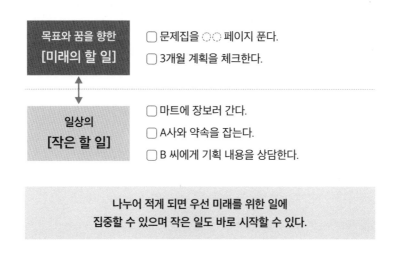

목표와 꿈을 향한 **[미래의 할 일]**	☐ 문제집을 ○○ 페이지 푼다. ☐ 3개월 계획을 체크한다.
일상의 **[작은 할 일]**	☐ 마트에 장보러 간다. ☐ A사와 약속을 잡는다. ☐ B 씨에게 기획 내용을 상담한다.

나누어 적게 되면 우선 미래를 위한 일에
집중할 수 있으며 작은 일도 바로 시작할 수 있다.

3 멀티태스킹이 아니라 싱글태스킹 하라

"멀티태스킹에 익숙하지 않아요", "멀티태스킹을 할 수 있으면 업무가 더 빨리 끝날 텐데"라는 상담을 하는 사람이 줄어들긴 했지만, 여전히 멀티태스킹을 동경하는 마음을 버리지 못한 사람도 있는 듯하다.

멀티태스킹이란 동시에 여러 가지 업무를 함께 하는 것을 말한다. 멀티태스킹이 가능해지면 동시에 많은 일을 처리할 수 있으므로 할 수만 있다면 괜찮은 방법이다.

그러나 실제로는 작업을 바꿔서 할 때마다 집중력이 끊어지기 때문에 비효율적이다. 사람의 뇌는 멀티태스킹에 적합하지 않다는 연구 결과가 많이 나와 있다.

미국의 미시간 대학에서는 멀티태스킹을 하는 그룹은 하나의 일에 집중하는 그룹보다 40%나 생산성이 떨어지고 실수를 할 확률도 높다는 연구 결과를 발표했다.

사람의 뇌는 여러 가지 일을 동시에 하려고 하면 판단 능력이 떨어져서 생산성에 영향을 미친다. 하나의 업무에 집중하는 싱글태스킹을 추천하는 이유다.

업무로 여러 가지 프로젝트를 하고 있어도 실제로 일할 때는 싱글태스킹을 하고 있다고 의식하는 것이다. 하고 싶은 일이 많은 사람도 실제로 움직일 때는 하나의 일에만 집중해서 싱글태스킹을 하는 것을 철칙으로 삼는다.

또 싱글태스킹에서 집중할 때 중요한 점이 환경을 만드는 일이다. 환경을 조성할 때의 다섯 가지 포인트를 소개하겠다.

① 할 일을 세분화한다

뇌가 쉽게 피로해지지 않고 생산성을 높이기 위해서라도 할 일을 세분화하는 작업은 중요하다. 세분화하면 자신이 지금 집중해야 할 일이 명확해져서 망설이지 않고 집중할 수 있게 된다.

② 할 일에 우선순위를 매긴다

〈4. 시간에 쫓기지 않도록 우선순위 정하는 방법〉p.137 에서 자세히 설명할 테지만, 해야 할 일을 하나씩 완수하기 위해서 우선순위를 정확히 정하자. 우선순위를 알고 있으면 고민하지 않고 집중해서 그 일에 몰입할 수 있게 된다.

③ 집중할 시간을 정한다

앞에서 이야기했듯이 기간을 정하면 그 기간 내에 끝내야 한다는 의식이 작용하여 의욕과 집중력이 올라간다. 동시에 언제 집중할지도 미리 정하면 다른 일을 생각할 필요 없이 눈앞의 일에만 집중할 수 있다.

④ '3분 법칙'을 활용하여 떠오르는 일을 처리한다

한 가지의 일에 집중하다가도 '이 일도 해야 하는데!', '저 일 하는 거 잊어버렸다!'라고 다른 일이 떠올랐던 경험이 한 번쯤 있을 것이다. 그럴 때는 3분 안에 할 수 있는 일이라면 그 자리에서 끝내도록 하자. 3분 이상이 걸리는 일이라면 일단 메모하고 하던 일이 일단락되면 그 일을 언제 할지 정하도록 한다.

⑤ **집중할 수 있는 환경을 만든다**

　집중하고 있어도 문자나 SNS 알림이 올 때마다 확인한다면 싱글태스킹이 아니라 멀티태스킹이 되어버린다. 스마트폰 알림을 무음으로 설정하자. 메시지를 확인하는 시간을 정하고 스스로 계획한 시간을 지키도록 하자.

CHECK LIST

- [ ] 할 일을 적어두는 이유는 효율적으로 모든 일을 진행해 나가기 위함이다.
- [ ] TO DO 리스트와 할 일의 차이점은 기한의 유무이다.
- [ ] 미래를 위한 할 일과 일상의 작은 일을 구분해서 적는다.
- [ ] 할 일을 할 때는 멀티태스킹이 아니라 싱글태스킹으로 한다.
- [ ] 집중하는 시간을 정한다.
- [ ] 집중할 수 있는 환경을 만든다.

시간에 쫓기지 않도록
우선순위 정하는 방법

목표는 빨리 달성할수록 좋다. 시간이 걸리면 걸릴수록 성과를 느끼기 어려워져서 중도에 그만두게 될 가능성이 커지기 때문이다. 그렇게 되면 여태껏 쌓아온 성과가 모두 허사가 된다.

목표와 꿈을 위해서 24시간을 전부 쏟아부을 수 있다면 좋겠지만 모두 업무나 육아, 집안일과 병간호같이 다양한 일을 하면서 한정된 시간 안에 꿈을 실현하기 위해서 노력하고 있을 것이다. 그렇기에 더욱 우선순위를 매기는 작업을 해야 한다.

효과가 높은 일에 먼저 집중하면 효율적으로 결과를 내게 되는 것은 당연하다. 그러나 이미 몇 번이나 말했듯이 사람은 감정이 있기 때문에 이론만으로 우선순위를 매기고 그대로 움직이기는 쉽지 않다.

또 사람의 뇌는 완성하지 못한 일에 의식이 향하므로 미처 끝내지 못한 일이 있는 상태에서는 눈앞의 일에 집중할 수 없게 된다. 그러므로 우선순위를 매길 때는 목표와 꿈에 걸리는 시간만 별도로 보는 것이 아니라 하루를 어떻게 활용하는지, 특히 업무 시간에 유의해야 한다.

이제부터 할 일을 미루지 않고 시간에 쫓기지 않도록 우선순위를 매길 때의 다섯 가지 포인트를 소개하려고 한다.

우선순위 정할 때의 포인트 - 1
긴급성과 중요도

스티븐 코비 교수의 《성공하는 사람들의 7가지 습관》에서 이야기하는 방법은 긴급성과 중요도를 크게 네 가지 영역으로 나누어서 우선순위를 정하는 것이다.

제1영역: 급하면서 중요한 일.	**제2영역**: 급하지는 않지만, 중요한 일.
제3영역: 급하지만 중요한 일.	**제4영역**: 급하지도 않고 중요하지도 않은 일.

적어둔 할 일 목록 옆에 영역 번호를 1~4로 표기한다.

우선순위가 가장 높은 것이 제1영역이며 번호가 커질수록 우선순위는 낮아진다.

★ 미래를 위한 일을 먼저 일정표에 넣는다.

먼저 제2영역의 시간부터 확보하기!

	급한 일		급하지 않은 일	
중요하다	**제1영역**	문제/과제의 영역	**제2영역**	질적으로 높은 영역
	· 마감이 임박한 업무 · 클레임 대응 · 재해나 사고 처리 등		· 미래를 위한 준비와 계획 · 작업 홍보물 보내기 · 서비스 개선 등	
중요하지 않다	**제3영역**	사소한 영역	**제4영역**	무익한 영역
	· 중요하지 않은 전화나 회의 · 중요하지 않지만 급한 일 · 갑작스러운 손님 방문 등		· 누워서 스마트폰하기 · 미래에 도움되지 않는 소비 · 아무 일도 하지 않는 시간	

제2영역의 일을 먼저 처리할 수 있는
시간을 확보해 두면 시간에 쫓기지 않게 된다.

핵심은 제2영역이다.

제1영역은 당연히 중요하지만, 매일 제1영역에만 몰두하게 되면 항상 시간에 쫓기게 된다. 긴급성과 중요도가 높은 일이기 때문에 마감 기한이 다가올 때마다 늘 초조하고 불안해진다. 그래서 중요한 일 중에서 급하지 않았던 제2영역의 할 일이 결국 급하고 중요한 제1영역으로 바뀌는 것이다. 이렇게 되면 심리적으로 부담을 느끼게 된다.

또 제1영역에 계속 쫓기게 되면 제4영역의 일을 하는 시간이 제1영역의 일을 하는 시간에 비례해서 늘어나게 된다. 제4영역은 SNS나 영상을 보면서 게으름을 피우는 시간이다.

어떤 기업 연수에서 하루를 어떻게 보내는지 적도록 했는데 적어 보니 아무것도 하지 않고 허비한 시간이 많았다는 사실을 깨달았다고 말한 사람이 있었다. 그 사람에게 확인해 보니 마침 급하고 중요한 업무에 쫓기고 있던 때라 집에 돌아가면 아무것도 할 기력이 나지 않아 몇 시간이고 계속 SNS를 보게 되었다는 것이다.

제1영역의 일을 해나가는 것도 중요하지만, 제2영역의 일도 함께 해나가지 않으면 쓸데없는 제4영역의 일을 하는 시간이 늘어나게 된다. 따라서 의식적으로 제2영역의 일을 먼저 해두려는 자세가 중요하다.

3:3:4의 시간 균형

우선순위는 긴급성과 중요도를 기준으로 정하는 것이 기본이다. 그러나 앞에서 설명한 대로 이 기준만으로는 당장 해야 할 일을 처리하는 데 쫓기게 된다.

여기에서 중요하게 작용하는 것이 시간 배분이라는 관점을 더하는 것이다.

'3:3:4 = 당장 해야 할 일에 걸리는 시간 : 사람들과 관계를 맺는 시간 : 미래를 위한 시간'이다. 미래를 위해서 활용하는 시간은 급하지 않지만 중요한 일인 제2영역의 일이 중심이 된다.

스킬을 올리거나 장기적인 성장을 하기 위한 공부처럼 목표와 꿈을 향해서 나아가는 시간은 한정된 시간 안에서 움직여야 하는 사람에게는 꼭 지켜야 하는 시간이라는 이야기다.

눈앞의 일을 처리하는 데 시간을 보내게 되는 상황을 피하고 싶다면 목표와 꿈을 향해서 나아가는 시간을 먼저 확보해야 한다.

긴급성과 중요도를 기준으로 3:3:4로 시간을 배분해서 우선순위를 정하면 눈앞의 일도 제대로 할 수 있으며 자칫 놓치기 쉬웠던 미래를 위한 일도 제대로 다룰 수 있을 것이다.

우선순위 정할 때의 포인트 - 3
소요 시간과 부담감을 기준으로 생각한다

목표 달성을 위해 효과가 높은 일은 시간이 걸리더라도 꼭 시도해야 한다.

다만 무슨 일이든지 처음 시작할 때는 에너지가 많이 들기 때문에 처음에 시간이 많이 걸리는 일부터 시작하면 실패할 확률이 높아진다. 그러므로 패턴을 잡기 위해서라도 바로 착수할 수 있는 일부터 시작하기를 권한다. 자신에게 부담감이 낮은 일, 즉 가볍게 할 수 있는 일부터 시작하는 것이다.

우선 처음 움직일 때는 본격적인 방향을 잡는다는 생각으로 시도해 본다.

걸리는 시간과 부담을 고려해서 처음에는 난이도를 낮춘다.

영업 전화를 거는 일을 '고객과 전화하는 일은 즐거워!'라고 생각하는 사람도 있겠지만, '멘트를 미리 준비하지 않으면 전화 걸기가 힘들어'라고 생각하는 사람도 있을 것이다.

전자는 자신에게 부담감이 낮고 쉽게 할 수 있는 일이기에 바로 시작할 수 있다.

후자는 자신이 쉽게 시작하기 어려운 일이기 때문에 어떻게 하면 부담을 느끼지 않고 시작할 수 있을지를 고민하게 된다.

먼저 멘트를 생각하고 인사 문자를 보내면서 직접 만날지, 아니면 온라인에서 이야기를 나눌 것인지 제안하는 등 자신이 바로 시작할 수 있을 것 같은 방법을 찾아본다.

의욕은 시작하면 오르기도 한다. 시작하기 전에 준비하는 시간도 우선순위를 매길 때 의외로 중요하다.

우선순위 정할 때의 포인트 - 4
우선순위를 매기지만 말고 일정표에 넣는다

할 일을 적고 우선순위를 매겼다면 언제 시작할지 구체적으로 일정표에 넣어보자. 시간이 나면 하겠다고 생각만 하면 평생 시작도 못하게 된다. 모처럼 목표와 꿈이 있어도 아무것도 하지 않으면 꿈은 꿈인 채로 끝나 버린다.

먼저 목표와 꿈을 실현하기 위해 활용할 시간을 확보한 후에 우선순위가 높은 일부터 일정표에 넣는다.

빡빡하게 분 단위까지 일정을 정할 필요는 없다.

여기까지 읽은 사람이라면 할 일을 해나갈 때 필요한 시간은 어느 정도 정해졌으리라 생각한다. 하루에 목표를 위해서 사용할 수 있는 3시간이라면 여유를 두고 2시간 반 정도가 걸리는 일을 준비한다.

활용할 수 있는 시간 안에서 최소한으로 해야 할 일을 리스트 업하면 어떤 일을 할지 고민하는 쓸모없는 시간이 생기지 않는다. 실행 순서도 미리 정하면 물 흐르듯이 진행할 수 있다.

우선순위 정할 때의 포인트 - 5
아침 시간을 유용하게 쓰자

'일이 끝나고 집에 와서 자격증 시험공부를 하려고 했지만, 피곤해서 하지 못했어요', '갑자기 회식하는 바람에 집에 늦게 들어와서 그대로 잠들었어요'라는 이야기를 자주 듣는다.

한정된 시간으로 목표와 꿈을 실현하려면 시간을 만들어서 활용해 나가는 일 외에도 주의해야 할 점이 있다. 바로 시간의 가치를 올린다는 의식이다.

내가 존경하는 정신 건강 의학과 의사 가바사와 시온의 《신의 시간술》에서는 뇌의 능률을 최대로 끌어올려서 24시간을 과학적인 방법을 이용해서 2배로 만드는 시간 기술이 쓰여 있다.

하루 중에서 집중력이 가장 높은 시간대가 아침이다. 특히 눈을 뜬 이후 3시간은 '뇌의 골든 타임'이라고 불리며 집중력이 최고에 달한다. 아침 1시간은 밤 1시간에 비해서 4배의 가치가 있다고 한다.

이렇게 중요한 아침 시간을 메일을 확인하거나 SNS를 볼 때 활용하지 말고 목표와 꿈을 실현하기 위한 시간으로 활용하길 바란다. 목표가 업무와 직접 연관이 있는 경우라면 조금 빨리 회사에 출근해서 업무 하나를 끝낸 후에 메일을 확인하자.

이렇게 말하면 "아침 시간을 활용하면 좋다는 사실은 알고 있어서 몇 번이나 빨리 일어나려고 했지만, 다시 잠들어 버렸어요"라는 대답이 돌아온다.

당연한 일이다. 갑자기 일찍 일어나는 일은 매우 어려워서 사람은 원래 게으르다는 사실을 다시 한번 떠올리게 된다.

빨리 일어나고 싶다면 빨리 자야 한다. 자는 시간이 아깝다는 생각을 버리고 수면 시간을 제대로 확보해야 한다. 또 잠들기 1시간 전부터는 스마트폰을 보지 말고 술을 마시지 않는 등 수면의 질을 올리는 습관을 만들어보자.

그리고 무슨 방법을 써도 혼자서 아침에 일찍 일어나기 어려운 사람은 미라클 모닝 챌린지를 이용해 보기를 바란다.

최근에는 온라인에서 활동하는 아침 활용 커뮤니티도 많다. 자신에게 맞는 시간대에 활동하는 아침 활용 커뮤니티를 찾아보는 것도 좋다.

나도 5시 50분부터 10분 동안 아침에 한 일을 공유하는 '5시 아웃풋 아침 활용'이라는 커뮤니티를 개설한 지 3년이 흘렀다. 각자 좋아하는 시간부터 활동하고 5시 50분쯤 Zoom에서 모여서 아침에 한 일을 공유하는 커뮤니티다.

적극적으로 아침 시간을 활용하는 사람도 있었고 5시 50분에 맞춰서 일어나는 사람도 있었다. 혼자서 일찍 일어나는 일은 작심삼일이 되기 일쑤지만, 이런 커뮤니티에서 마음이 맞는 사람들의 영향을 받으면 아침 시간을 유용하게 쓸 수 있다.

그중에는 3년 동안 하루도 빠지지 않고 5시부터 온라인으로 영어 회화 강좌를 수강하는 사람도 있었다. 그녀에게 3년이라는 시간은 티끌 모아 태산처럼 엄청난 가치가 되어 있었다.

30분×365일×3년=32,850분이다. 정말 근사한 재산이지 않은가.

 보너스 이야기
어린 자녀를 키우는 사람에게 보내는 응원의 말

이 코너는 여담이 될지도 모르겠다. 그러나 어린 자녀를 키우는 사람들을 응원하는 마음을 담아 적어보는 글이다.

나는 밤 9시 반에 잠들어서 4시 반에 일어난다(한창 아침 활용 커뮤니티 활동을 할 때는 4시에 일어났으나 피로 회복이 우선인 지금은 네 시 반에 일어난다). 지금은 일찍 자고 일찍 일어나기가 습관이 되었지만, 아이를 낳기 전까지는 완벽한 올빼미형이었다.

나는 원래 하고 싶은 일은 전부 밤에 했었지만, 아이를 낳고 나서는 체력의 한계를 느끼게 되었다.

수유를 하다가 아이와 함께 잠들고 나서 아침에 눈을 떴을 때의 자기혐오감이란…… '오늘도 하려고 했던 일을 못 했잖아'라고 아이 탓을 하려는 내 자신이 싫어질 지경이었다.

그때부터는 시간을 활용하는 방법을 바꾸려고 노력했다. 잠들지 않았다고 해도 어차피 피곤해서 머리는 돌아가지 않으니 아예 밤에는 일찍 자자고 생각했다. 그리고 아침에 일찍 일어나서 하고 싶은 것을 하자고 말이다.

마음을 정리하고 나니 자기혐오는 사라지고 아침을 효율적으로 활용하게 되었다.

그렇지만 이렇게 되기까지 한 가지 커다란 장애물이 있었다. 아침에 일찍 일어났는데 아이도 함께 일어나 버리는 것이다.

어린 자녀를 키우는 사람이라면 이런 갈등을 겪어본 적이 있으리라 생각한다. 이런 일이 일주일이나 계속되면 일찍 일어나기도 포기하게 된다.

이럴 때 내가 썼던 방법은 아이를 토닥토닥하며 다시 재우거나 같이 자거나 함께 놀아주거나 내가 벗어놓은 잠옷을 인형처럼 안고 있게 하거나 남편에게 맡기는 것이었다. 이것도 항상 정답은 아니어서 잘 될 때도 있었지만, 아닐 때도 있었다.

그런 상황이었지만 나는 일찍 일어나기를 그만두지 않았다. 아이가 함께 일어나는 일이 평생 계속되지는 않기 때문이다. 아이는 자라면서 수면 패턴이 생기기 때문에 나는 조급해하지 않고 계속 일찍 일어나려고 노력했다.

둘째 아이가 생후 3개월일 때 사업을 결심한 것은 내 결정이다. 혹시 아이가 함께 일찍 일어났다고 해도 그건 그거라고 확실히 선을 그었다. 아이가 일어나는 건 당연하고 일찍 일어나지 않은 날은 행운이라고 생각했다.

일찍 일어난 아이 때문에 하려고 했던 일을 못했다고 짜증을 낼 정도라면, 그 시간에 하지 못한 일이 다른 계획을 무산시킬 정도로 여유 없는 일정을 세운 건 아닐까?

사람마다 상황과 환경은 제각각이다. 24시간을 어떻게 쓰고 싶으며 지금 무엇을 우선하고 싶은가. 이른 아침 시간에 같은 고민을 하는 엄마, 아빠가 이 세상에는 많을 것이다. 당신은 혼자가 아니다! 아침 시간을 활용하면 물론 효율적이겠지만, 초조해하지 말고 변화를 향해 나아가자.

CHECK LIST

☐ 급하지 않지만 중요한 일은 되도록 빨리 완료한다.

☐ 목표와 꿈을 위한 시간을 우선해서 확보한다.

☐ 쉬운 일부터 시작한다.

☐ 집중할 일을 미리 준비한다.

☐ 아침에 일어나자마자 목표와 꿈에 관련된 일부터 시작한다.

5장

Time Coordinate

계획이 뜻대로
되지 않을 때

목표, 시간, 행동 세 가지
관점으로 원인을 분석하라

계획에는 수정이 따라오기 마련이다. 모든 일이 순조롭게 진행되지 않는다는 사실을 항상 인식하자.

계획대로 되지 않을 때는 다시 크게 세 가지의 관점으로 어디에 문제가 있는지 찾아야 한다.

세 가지 관점이란 다음과 같다.

① 목표를 세우는 방법
② 시간의 활용법
③ 행동 방식

①의 목표를 세우는 방법을 살펴보기 전에 정말로 이루고 싶은 목표를 세웠는지 자기 자신에게 물어본다.

이 질문의 의도는 혹시 위화감이 느껴지지는 않는지, 석연치 않은 기분이 들지는 않는지 확인하기 위함이다. 그런 기분이 든다면 목표를 세워도 브레이크를 밟은 채로 주행하는 상태여서 앞으로 제대로 나아갈 수 없다. 이럴 때는 목표를 바꾸는 편이 낫다.

다음으로 할 일을 세분화했는지 확인한다. 할 일을 세분화하지 않으면 그만두게 되거나 예상보다 시간이 많이 소요되어 계획이 생각한 대로 진행되지 않을 수 있다.

②의 시간 활용법의 관점에서 살펴볼 때 예상한 시간과 크게 차이가 나는지 아닌지를 확인한다. 할 일을 하는 데 걸리는 예상 시간과 결과 시간이 비슷하다면 제대로 진행되고 있다는, 즉 목표 달성에 근접하고 있다는 이야기다.

추가로 버퍼 시간을 충분히 확보했는지도 확인한다. 급한 일이나 갑작스러운 사정이 생길 수 있으므로 꼭 확보해야 한다. 버퍼 시간을 마련한다고 해도 시간이 충분하지 않을 수도 있다.

마지막으로 ③의 행동 방식의 관점이다. 계획한 기한을 지킬 환경을 스스로 마련했는지 확인한다. 목표와 꿈을 실현하려면 업무를 제외하고는 회사가 마감 기한을 관리하지 않기 때문에 혼자서 실행하고 마무리하는 힘이 필요하다.

어떤 상황에서 그만두거나 포기하게 되는지 계속하기 어려운 일에 대한 고민을 제대로 확인하고 제거해 보자.

매일 하기로 한 일을 해내기 위해서는 '하고 싶다'라는 소망인 채로 두는 것이 아니라 의도적으로 '하겠다'라는 마음을 새겨둘 필요가 있다. 사람은 게으른 동물이다. 하지 않겠다는 마음부터 없애자.

CHECK LIST

☐ 계획대로 일이 진행되지 않을 때는 목표를 세우는 방법과 시간을 활용하는 방법, 행동에 옮기는 방법을 되돌아본다.

시간이 없는
진짜 이유

1 시간을 제어하는 사람은 누구인가?

'시간에 쫓긴다는 느낌을 받은 적이 있는가?'라는 질문으로 〈세이코 시간 백서 2023〉*에서 설문한 결과 64.5%의 사람이 시간에 쫓긴다고 생각한다는 결과가 나왔다. 전년도 조사 결과도 66.3%로 비교적 높은 편이다.

그중에서 49.2%라는 절반 가까이 되는 사람이 시간에 쫓긴다는

---

* 유명 시계 회사인 세이코 그룹이 2017년부터 시행한 시간 인식에 관한 설문 조사

느낌을 이전보다 강하게 받는다고 답했다.

많은 사람이 시간에 쫓긴다고 느끼는 이유는 무엇일까?

하루는 24시간으로 정해져 있다. 시간이 없다는 의미는 24시간 안에 해낼 수 있는 일 이상으로 많은 일을 계획했다는 이야기다.

★ 평소 시간에 대한 생각

① 시간에 쫓기고 있다고 느낀다

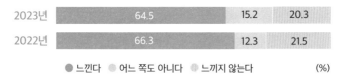

② 시간에 쫓긴다는 느낌은 약해졌는가? 강해졌는가?

③ 하루 24시간이 부족하다고 느끼는가?

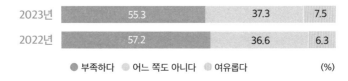

또 시간에 여유가 있어도 시간 활용을 제대로 하지 못한다는 것은 무슨 일을 할지 고민하는 시간이 길다는 의미이기도 하다. 정보가 넘치는 시대여서 더 정하기 어려운지도 모르겠다.

'시간이 없다'라는 말에는 두 가지 의미가 있다.

해야 할 일이 너무 많아서 시간이 없을 수도 있고, 하고 싶은 일이 너무 많아서 시간이 없는 경우도 있다.

언뜻 보면 비슷한 이야기처럼 보이지만, 누가 시간을 제어하는가에 차이가 있다. 자신이 아닌 다른 사람이 제어해서 해야 한다는 의무감을 느낀다면 먼저 자신을 주어로 바꿔 생각해 보자.

'상사가 오늘 중에 기획서를 완성하라고 했으니까 꼭 해야 해'라는 생각을 '이 기획은 내가 꼭 회의에서 통과시키고 싶으니까 오늘 중에 상사가 체크할 수 있도록 기획서를 완성하자'라는 마음으로 바꾼다.

'아이가 어려서 일도 육아도 함께 하려면 시간이 없는 건 당연하지'라는 생각을 '아이와의 시간도 소중히 하고 싶지만, 직장도 그만두고 싶지 않아. 솔직히 시간이 아무리 많아도 부족하지만, 적절히 나만의 균형을 맞춰보자'라는 마음으로 바꿔보는 것이다.

다른 사람이 시간을 제어해서 시간이 부족한 경우와 자신이 제어하고 스스로 선택해서 시간에 쫓기는 상태가 되는 것에는 많은 차이가 있다. 자신이 선택했다면 시간을 어떻게 활용할지 수정만 하면 된다. 그러나 다른 사람이 제어하는 경우라면 아무리 시간 활용법을 바꾼다고 해도 근본적인 해결책이 될 수 없다.

기존의 시간 기술은 짧은 시간에 효율적인 방법으로 자투리 시간을 만들어서 어떻게 일을 소화해 나가는지가 중요했다. 하지만 이 방법으로는 시간을 주도적으로 통제할 수 없었고 결국 시간에 쫓기는 상황이 반복됐다.

"목표와 꿈을 가져라", "행동해라", "인생은 스스로 헤쳐나가라" 같은 말로 지금은 늘 앞으로만 나아가라고 은근히 강요하는 시대다.
목표와 꿈이 있다는 사실도, 실행에 옮길 수 있다는 것도 물론 멋진 일이지만 더 중요한 사실은 스스로 시간을 제어하고 있냐는 것이다.

2 시간은 효율적으로 활용해야 한다는 고정관념을 버려라

기존의 시간 기술이 꼭 나쁜 것만은 아니다.
업무와 목표, 집안일은 한정된 시간 안에 성과를 내야 한다.
그런 경우에는 시간을 줄일 수 있는 효율적인 방법을 활용하면서 시간을 관리할 필요가 있다.

그러나 하루 24시간 전부를 관리하려고 하면 오히려 괴로워질 뿐이다. 중요한 건 적절한 타이밍이다.

아이와 보내는 시간은 아이의 속도에 맞춰서 창조적인 활동을 하면서 보내야 편안해진다. 취미 활동을 할 때에는 시간의 효율을 따지지 않고 그 순간을 즐기는 편이 마음을 충족시키고 안정을 가져다준다.

효율화란 회전 초밥집의 레일이 돌아가듯이 할 일이 끊임없이 눈앞에 나타나는 것이다. 한 가지 일이 끝나면 다음에 할 일이 계속 나타난다.

효율적으로 한 가지 일을 처리하고 나면 다음 일이 찾아온다. 생산성이 높아지면 높아질수록 다음 일이 더욱 빨리 나타나는 것이다. 결국 할 일만 늘어나게 되는 꼴이다.

생산성을 올려야 인생이 충실해지는 것이 아니다. 충실한 인생을 살아야 생산성이 올라간다는 사실을 잊지 않기를 바란다.

순서가 반대인 것이다. 결과가 나와야 충실한 인생이 아니라, 인생이 충실해져야 결과를 낼 수 있게 된다.

효율만 추구할 것이 아니라 여유 시간도 필요하다. 허비하는 시간을 너무 줄이려고만 하면 새로운 무언가를 만들어내는 시간을 잃게 된다. 한숨을 돌릴 수 있는 시간도 일정에 넣고 목표와 꿈을 실현해 나가자.

CHECK LIST

☐ 해야 한다는 의무감이 드는 일도 자신을 주어로 바꿔 발상을 전환한다.

☐ 시간을 스스로 제어해 본다.

☐ 시간을 효율적으로 활용해서 얻을 수 있는 것을 생각해 본다.

☐ 여유 시간도 소중히 한다.

끝까지 해내기 위한
세 가지 방법

1 습관으로 만들어서 결정 피로를 없애라

우리는 하루에 많은 결정을 한다. '오늘은 뭘 먹지', '어떤 옷을 입지', '뭘 하지', '어느 가게에 가지'처럼 말이다.

미국 케임브리지대 바바라 사하키안 교수의 연구 결과에 따르면 사람은 하루에 최대 3만 5천 번의 결정을 한다고 한다.

그렇게나 많은 결정을 한다고는 상상도 하지 못했을 것이다. 그렇지만 그 정도로 많은 결정을 한다면 뇌가 지치는 것도 당연한 일이 아닌가.

스티브 잡스나 마크 저커버그가 똑같은 옷을 입는 이유도 사실은 여기에 있다.

중요한 결정을 많이 하는 그들은 사소한 일을 결정하는 데 힘을 쏟지 않고 결정 피로를 느끼지 않도록 의식하는 것이다.

우리도 의식적으로 잘하는 일에 규칙을 만들거나 습관으로 만들어서 결정하는 횟수를 조금이라도 줄이려는 노력을 해보자.

습관이란 장기간의 반복적인 행동을 당연시하게 되어 자동으로 움직이게 되는 것을 말한다.

아침 습관을 예로 들면 일어나서 바로 세수하고 이를 닦는 것처럼 졸린 상태라도 아무런 생각 없이 몸이 자연스레 움직이게 되는 것이다.

습관화의 장점은 결정 피로를 없애고 결정하는 시간을 줄여서, 그 힘을 정말 중요한 일에 사용할 수 있게 만든다는 것이다. 그 결과 새로운 시간이 만들어지며 중요한 결정을 할 때 적확한 판단이 가능해진다.

또 한정된 뇌의 작업 기억working memory 용량을 늘릴 수 있다. 작업 기억이란 일시적으로 정보를 뇌에 보존하고 처리하는 능력이다. 습관화를 하면 원래 용량이 적은 작업 기억이 늘어나게 되면서 업무와 공부의 능률이 올라가게 되는 것이다.

습관화 효과는 평소에는 느끼기 어렵지만, 습관이었던 행동이 무너질 때 실감하게 된다.

3월은 한 해의 새로운 시작으로 부서 이동이나 입사, 입학과 진학 같은 생활이나 업무 리듬이 바뀌는 시기이다. 자신이 당사자인 경우는 물론이고 당사자가 가족이나 동료인 경우에도 크건 작건 자신에게 영향을 미친다.

여태껏 습관이 되어 아무런 생각 없이 몸이 자연스레 움직였던 일을 처음부터 다시 습관으로 만들어야 하는 것이다.

이럴 때 결정 횟수가 늘어나게 된다. 결정 피로 때문에 평소보다 시간이 더 걸리게 되고 이 부분에서 또 피곤함을 느끼게 되는 것이다.

이런 사태는 신종 코로나바이러스로 사회적 거리 두기 방침이 처음 발표되었을 때 뚜렷이 나타났다.

재택근무가 늘고 아이들도 휴원이나 휴교를 하게 되면서 집 안에서 가족 모두가 모여 있는 상황이 지속되었다.

평소라면 자기만의 페이스대로 하루를 보냈을 텐데 가족의 수만큼 결정할 일이 늘어나게 되었다. 점심은 몇 시에 무엇을 먹을지 화상 회의는 어디에서 할지 같은 익숙해지기 전까지 시행착오를 거치는 시간이 필요했다. 그 당시에는 '출근을 안 하니까 즐거워야 하는데 왜 이렇게 피곤한 거지?'라고 고민하는 사람이 많았다.

결정 피로 때문에 행동하는 양이 줄게 되면서 목표 달성을 향한 여정도 그만큼 길어지게 되었다. 평소 습관으로 만들겠다는 생각으로 불필요한 결정 횟수를 줄이도록 노력하자.

습관으로 만들 때의 핵심은 서두르지 않고 작은 행동부터 하나씩 늘려가는 것이다.

아침에 일어나서 자격증 시험공부를 하고 스트레칭을 한 후에 아침 식사를 하는 등 몇 가지 행동을 한 번에 습관으로 만들려는 사람이 있는데, 이는 매우 어려운 일이다. 한 가지를 계속하기도 힘들기 때문에 '기출 문제집을 편다'처럼 쉬운 일부터 하나씩 시작하자.

또 이미 습관이 된 행동과 짝을 이루면 습관으로 만들기가 쉬워진다. 이를 닦으면서 스쿼트을 하는 것처럼 말이다.

조금씩 습관으로 만들어서 결정 피로를 줄여나가자.

2 의욕을 올리는 데 집중하지 말고 내려가지 않도록 노력한다

'의욕만 유지할 수 있다면 목표를 이룰 텐데'

이 말은 '목표를 달성하기 위해서는 의욕이 필요하다'는 뜻이다.

실제로 '의욕을 올리려면 어떻게 해야 하나요?'라는 질문을 자주 받는다. 그런 질문을 받았을 때는 의욕을 올리는 데 집중하지 말고 내려가지 않게 하려면 어떻게 해야 할지 생각하라고 권한다.

애초에 의욕은 어디에서 오는 것일까?

의욕의 원천은 두 가지로 들 수 있다.

하나는 흥미와 관심에서 나타나는 '내발적 동기'다.

그리고 나머지 하나가 상과 벌이 계기가 되는 '외발적 동기'다.

내발적 동기는 어떤 일에 대한 강한 흥미와 탐구하고자 하는 마음에서 생기는 보람과 성취감이다. 그래서 질 높은 행동이 이어지기 쉽고 높은 집중력을 발휘하기 쉬워진다.

그에 비해 외발적 동기는 보상이나 벌칙 같은 외부 작용이 동기가 된다. 결과를 내면 보상을 준다거나 결과를 내지 못하면 벌칙을 주는 것 같이 동기를 알기 쉬우므로 짧은 기간 안에 성과가 나타난다. 그러나 효과가 짧다는 특징이 있다.

그래서 외발적 동기를 시작으로 내발적 동기를 연결하면 의욕을 계속 이어갈 수 있게 된다. 하고 싶다는 생각이 들기 전에 왜 해야하는지, 무엇을 위해서 하는지, 달성하면 어떤 미래가 보이는지 같은 내발적 동기를 계속 고민해 보자.

이런 일도 있었다.

실적을 내면 보너스를 받을 수 있다는 사실에 한결같이 노력하던 영업 사원 D는 실적 수치로 평가가 좌지우지된다는 사실에 피곤함을 느껴서 상담을 받으러 왔다.

"이대로라면 제가 큰일 날 것 같아요"라고 말하는 그에게 실적을 제외하고 자신이 하면서 즐거움을 느꼈거나 행복했던 일을 써보라고 했다. 그러자 경험을 쌓으면서 자기만의 영업 방법을 알게 된 것과 제품을 사용하는 고객이 즐거워하는 모습을 보고 기뻤던 일을 떠올리게 됐다고 했다.

이후에 D는 영업하는 방법을 후배에게 전수하면서 도움을 주고, 제품을 많은 사람에게 알리고 싶다는 생각을 하게 되면서 주체적으로 행동할 수 있게 되었다.

이렇게 외발적 동기에서 내발적 동기로 이어지면서 의욕이 생기는 경우도 있다.

★ 의욕의 변동 폭을 작게 만든다.

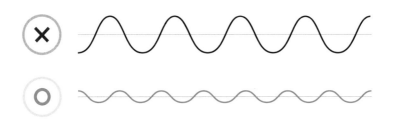

의욕은 올라가기도 하고 내려가기도 한다.
올라가도록 신경 쓰기보다는 내려가지 않도록 하자.

또 의욕은 오르락내리락한다. 제트코스터처럼 의욕이 오르고 내리기를 반복하면 사람은 피곤함을 느끼게 된다. 내려간 의욕을 다시 올리려면 에너지가 필요하기 때문이다. 그러므로 되도록 의욕이 내려가지 않도록 해야 한다.

의욕이 떨어지는 세 가지 요인을 아래와 같이 들 수 있다.

- 도중에 포기하게 된다.
- 터무니없는 계획을 세운다.
- 다른 사람과 비교한다.

이런 이유가 있으므로 달성 가능한 계획을 세우는 일이 의욕을 계속 유지하기 위해서도 중요하다.

의욕이 떨어지는 이유로 꼭 주의해야 할 점이 한 가지 더 있다. 그건 바로 앞에서 말했던 '습관화'다.

습관화가 되기 전까지는 '먼저 이 일부터 해놓고 다음에 이 일을 하자'고 할 일 하나하나에 의식을 집중하게 된다.

하지만 습관이 되면 의식하지 않아도 자연스레 행동하기 때문에 할 일이 당연하게 느껴져서 특별히 즐겁다고 느끼지 못하게 된다. 그래서 습관화된 일만 계속하다 보면 매일 똑같은 일만 반복된다는 권태감을 느끼기 쉽다.

습관화된 일은 매일 해야 하는, 이른바 당연히 해야 하는 일이다. 그렇게 습관화된 일을 소화하는 데 시간을 쏟게 되면 계속 준비 운동에 시간을 낭비하게 되는 것과 같다.

준비 운동은 매우 중요하지만, 시합에 이기기 위해서는 실제로 해 봐야 하며 자격증 시험에 합격하기 위해서는 인풋만이 아니라 아웃풋을 하는 시간도 중요하다. 다시 말하면 습관이 된 일만 해서는 목표를 달성할 수 없다는 의미이다.

미래를 위한 밑바탕을 다지는 시간과 목표 달성을 향해서 아웃풋하고 실천하는 시간을 제대로 확보해 두자.

또 의욕이 떨어질 때의 대책도 확실히 생각해 둔다.

평소에 즐거워지고 차분해지는 일이나 기분이 좋아지는 일, 기분이 상쾌해지거나 편안해지는 일, 좋아하는 일 등 긍정적인 생각을 할 수 있는 일을 리스트로 만들자. 그리고 의욕이 떨어질 것 같을 때는 그 일을 하는 시간을 갖는다.

취미 활동이나 영화나 운동, 맛있는 식사나 마음에 드는 카페에 간다거나 좋아하는 향을 맡거나 꽃 장식을 하는 등의 가볍게 할 수 있는 일을 찾아보자.

평소에 이렇게 마음이 편안해지는 시간을 채워가면 크게 의욕이 떨어지는 일은 없을 것이다. 일상을 보낼 때도 의식해서 그 시간을 채워 나가보자.

3 자신에 대한 기대치를 낮춘다

내가 이 일을 시작하고서 가장 놀랐던 것은 무의식적으로 자신을 몰아세운다는 사실을 전혀 눈치채지 못하는 사람이 많다는 사실이었다. 내가 보기에는 충분히 노력하고 있는데도 아직 부족하다고 입을 모아 말하는 사람이 많다.

여러분도 꼭 스스로 체크해 보길 바란다. 다음 질문 중에 해당하는 것이 몇 개나 있는가?

- ☐ 죽도록 노력하고 있지만, 이 방법에 한계를 느끼고 있다.
- ☐ 항상 급한 일에만 매달리느라 미래를 위한 일에는 시간을 쓰지 못하고 있다.
- ☐ 좋아하는 일을 하는데도 어느샌가 시간에 쫓기는 일상에 피곤함을 느낀다.
- ☐ 하고 싶은 일이 너무 많아서 수면 시간을 줄이게 되었다.
- ☐ 업무 시간과 사적인 시간의 전환이 잘 되지 않는다.
- ☐ 경험을 위한 일이라는 생각에 버티고 있지만, 사실은 마음이 내키지 않는 일을 몇 년이나 계속하고 있다.
- ☐ 아직도 부족해서 더 노력해야 한다고 생각한다.

세 개 이상 해당하는 사람은 80페이지에서 설명한 무의식적으로 자신을 채찍질하는 '숨겨진 노력파'일지도 모른다.

개인적으로도 무언가를 하겠다고 결심하면 끝까지 노력하고 싶다고 생각하기 때문에 나도 모르게 나를 몰아세운다는 사실을 깨닫지 못할 때가 있다. 그 사실을 알고 노력하고 있다면 괜찮지만, 눈치채지 못했다면 유의해야 한다.

자신도 모르는 사이에 몸과 마음이 과부하되고 있다. 애써 목표를 향해서 달려간다고 해도 도중에 포기하게 되면 아무것도 남지 않게 된다.

숨겨진 노력파는 자신에 대한 기대치가 높다는 특징이 있다.

자신에 대해서 기대하고 있다는 사실 자체가 대단히 멋진 일이다. 더 할 수 있다고 스스로를 격려하는 일은 목표 달성을 위해 계속 나아가려면 필요한 요소다.

그러나 한편으로 '이걸로는 아직 부족해', '이러면 안 돼'라고 지금의 자신을 부족하다고 평가한다는 말이기도 하다. 이런 상태에서는 생각한 결과가 나오지 않거나 도중에 포기하게 되거나 계획대로 되지 않을 때 '역시 아직 부족하잖아'라고 자신을 계속 부정하게 된다.

현재의 나도 충분히 노력하고 있다. 스스로 자신의 노력을 인정하자.

나는 괴로운 상황이 되었을 때 일본 유명 배우 아카시야 산마의 '살아 있는 게 이득이다'라는 말을 떠올린다. 그렇다. 살아 있다는 사실 자체가 기적이고 하고 싶은 일이 있는 것도 행복한 일이다. 살아만 있다면 기회는 계속 있다.

170

자신에 대한 지나친 기대치를 낮추는 방법 세 가지를 소개하려고
한다.

첫 번째는 제6장 2챕터에서도 이야기하겠지만, 돌아볼 때 먼저 잘
한 일에 눈을 돌리는 것이다. 잘한 일을 당연하게 생각하지 말고 잘
한 일 자체를 솔직하게 칭찬하자.

두 번째는 현실적인 목표를 세우고 달성한 경험을 쌓는 일이다.
성취욕이 채워지면 자신에 대한 신뢰도가 높아진다.

세 번째는 수면과 운동, 식사 시간을 제대로 지키는 것이다.
몸의 건강은 마음 상태도 좌우한다. 피로를 풀기만 해도 긍정적
인 생각을 할 수 있다. 목표를 향해서 계속 달려가려면 몸과 마음의
건강도 몹시 중요하다. 무리해서 자신을 몰아세우기보다는 수면과
운동과 식사 시간을 지키는 일이 중요하다.

나도 수면 시간은 7시간 이상으로 지키며 매일 조깅과 주 3회 필
라테스를 하고 외식은 최대한 자제하려고 한다.

CHECK LIST

- ☐ 결정 피로를 느끼면 중요한 결정을 하지 못하게 된다.

- ☐ 중요한 결정을 할 수 있도록 작은 일은 습관으로 만든다.

- ☐ 의욕을 올리려고 생각하지 말고 지킨다는 의식을 한다.

- ☐ 의욕이 떨어질 때 활용할 수 있는 대처법을 몇 가지 준비한다.

- ☐ 지금의 나도 충분히 노력하고 있다고 인정한다.

하고 싶다는 마음이 아니라
한다는 관점으로 접근하라

'하고 싶다'고 생각했지만, 생각만 하고 행동으로 이어지지 않은 적이 없는가? '하고 싶다'는 소망인 채로 두지 말고 '한다'는 행동으로 만드는 일이 중요하다는 사실은 이미 말한 바 있다.

그런 나도 오랜 시간 하고 싶다고 생각했지만, 선뜻 하지 못했던 일을 올해 초에 시작했다. 바로 필라테스다.

'필라테스를 하고 싶어', '운동하고 싶어', '자세를 교정하고 싶어', '다이어트하고 싶다'라는 생각을 한 지도 몇 년이 흘렀다. 솔직히 말하면 하고 싶은 다른 일도 많아서, 예약하기도 번거롭고 센터 찾기도 귀찮아서, 위치도 나빠서 등 하고 싶은 이유보다 하기 싫은 이유가 많아서 쉽사리 움직이지 못했다.

또 카페를 좋아하는 나는 '예전에 몇 번 갔던 카페에 오랜만에 가고 싶다', '바리스타가 만든 맛있는 커피를 마시고 싶다', '차분한 분위기가 좋았는데', '책도 느긋하게 읽고 싶은데' 같은 생각을 한 적도 있었다.

그러나 '위치가……', '그렇게까지 중요한 일도 아니고', '카페만 가려고 나가고 싶지는 않은데'라며 가고 싶은 이유보다 가고 싶지 않은 이유가 마음속에 더 많았다.

그런 두 가지의 '하고 싶으면서도 하고 싶지 않은 일'이 연결된 순간이 있었다.

아무 생각 없이 찾아보던 필라테스 센터가 오랜만에 가고 싶다고 생각했던 그 카페에서 도보로 몇 분 거리에 있다는 사실을 알게 된 것이다!

그러나 한 가지 더 걱정이 있었다. 센터도 카페도 10시에 오픈이라는 사실이었다. 나는 외출을 싫어해서 아이들을 배웅하고 한 번 집에 들어오면, 누군가와 약속이 없는 한 밖에 잘 나가지 않았다.

그런데 센터 근처에서 아침 일찍 오픈하는 데다가 붐비지 않는

다른 카페를 발견하게 되었다.

그렇게 최적의 루틴이 완성되었다.

아이들을 배웅하고 나서 카페에 가서 집필 활동, 자료와 콘텐츠 만들기처럼 창의적인 작업을 하고 집중력이 떨어질 때쯤에 센터로 가서 필라테스 수업을 받는다. 그 후에 내가 좋아하는 카페에 가서 바리스타가 내려주는 맛있는 커피를 마시면서 책을 읽거나 미래를 위한 혼자만의 전략 회의를 하는 것이다.

올해 초부터 시작한 이 최적의 루틴을 6개월이나 계속하고 있다.

이 일은 단순한 우연이 아니라, 지속할 수 있었던 여러 포인트가 겹쳤기 때문이다.

① 내가 즐겁다고 생각하는 일과 설레는 일을 조합한다.

② '이걸 하고 다음에 저걸 해야지'라고 다양한 행동을 조합한다.

③ '이 장소에서는 이 일을 한다'고 정한다. 무엇을 할지 고민하지 않기 위해서다(결정 피로를 없애자!).

한 발 내딛기 위해서도 계속 실천하기 위해서도 할 일은 한 가지다. '하고 싶다'는 마음으로 두지 말고 의도적으로 '하겠다'는 마음으로 바꾸는 것이다.

사람은 게으르다는 사실을 잊지 말자. 지금 떠오르는 하지 않을 이유를 전부 없애자.

CHECK LIST

- [ ] '하고 싶다'는 소망이 아니라 '한다'처럼 단정하는 말로 바꾼다.

- [ ] 도중에 포기할 만한 염려가 있는 부분을 모두 확인한다.

- [ ] 모든 걱정을 없앤다(사람은 게으르기 때문이다).

꼭 이루겠다는 마음의
원천을 발굴하라!

목표와 계획을 실행하기 위해서 가장 중요한 것은 미래를 상상
하기만 해도 두근거리고 즐겁다는 감정이다. 계획을 세우는 능력과
의지와 행동력, 시간 관리 기술이 아니라 행동하고 싶다는 감정이
무엇보다 중요하다.

하지만 목표와 꿈을 이루고 싶다는 마음이 있다고 해도 실현하
려면 넘어야 할 산도 있다.

그럴 때는 즐겁다는 감정을 끌어올리는 '두근두근 발굴 작업'을
해보자. 해야 할 일은 간단하다.

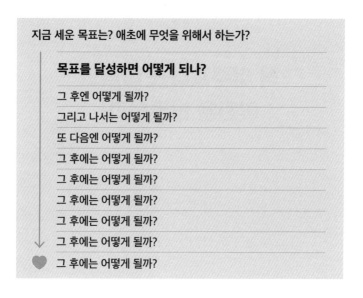

① 목표를 달성하기 위해서 당신이 지금 가장 어렵다고 생각하는 부분이 무엇인지 떠올린다.

② 그 행동을 하고 나면 어떻게 되는지 10회에 걸쳐서 써본다.

사례로 우리 회사가 판매하는 '타임 코디네이트 다이어리'를 처음 제작할 때의 예를 들겠다.

어렵다고 느껴지는 일 중에는 판매도 있었지만, 재고를 남기지 않아야 한다는 두려움과 고객을 모을 수 있을지에 대한 불안감도 있었다. 손님을 모으는 일은 다양한 수단을 활용해서 자사 상품의 고객이 될 만한 사람과 접촉하며 우리 회사 상품의 매력을 알려서 판매로 연결하는 일이다.

여기서부터 시작해 보자.

고객을 모으면 어떻게 되는가?

→ 기쁘고 자신감이 생긴다.

기쁘고 자신감이 생기면 어떻게 되는가?

→ 고객 유치에 대한 불안함이 사라진다.

고객 유치에 대한 불안함이 사라지면 어떻게 되는가?

→ 내가 할 수 있는 것들을 고객에게 더 많이 보답할 수 있다.

내가 할 수 있는 일로 보답하면 어떻게 되는가?

→ 매출이 오른다.

매출이 오르면 어떻게 되는가?

→ 또 새로운 일을 배워서 새로운 도전을 할 수 있다.

새로운 일을 배우고 도전하면 어떻게 되는가?

→ 지식도 경험도 늘어나서 인생이 풍요로워진다.

지식도 경험도 풍부해지고 인생이 풍요로워지면 어떻게 되는가?

→ 교육 사업에 종사하여 사회 공헌을 할 수 있다.

Q1

프로모션 중에서 **가장 어려웠던** 점은?

Q2

그 행동을 한다면 어떻게 될 것인지 **10회 정도 써 내려가** 보자.

고객을 모으면 어떻게 되는가?

→ 기쁘고 자신감이 생긴다♥

기쁘고 자신감이 생기면 어떻게 되는가?

→ 고객 유치에 대한 불안함이 사라진다♥

고객 유치에 대한 불안함이 사라지면 어떻게 되는가?

→ 내가 할 수 있는 것들을 고객에게 더 많이 보답할 수 있다♥

내가 할 수 있는 일로 보답하면 어떻게 되는가?

→ 매출이 오른다♥

매출이 오르면 어떻게 되는가?

→ 또 새로운 일을 배워서 새로운 도전을 할 수 있다♥

새로운 일을 배우고 도전하면 어떻게 되는가?

→ 지식도 경험도 늘어나서 인생이 풍요로워진다♥

지식도 경험도 풍부해지고 인생이 풍요로워지면 어떻게 되는가?

→ 교육 사업에 종사하여 사회 공헌을 할 수 있다♥

나는 '교육 사업에 종사하며 타임 코디네이트를 통해 아이들에게 삶의 즐거움을 알려주고 싶다'는 비전이 있었으므로, 교육 사업이라는 단어가 나왔을 때 이 단계를 극복하면 꿈에 한 발짝 더 다가갈 수 있겠다는 마음이 샘솟았다.

이렇게 계속 써 내려가면서 '바로 하지 않으면 손해다!', '하고 싶어!'라는 마음이 생긴다면 지금 눈앞의 일에 몰입할 수 있을 것이다.

이런 마음이 되기까지 10개가 아니라 더 많이 써도 좋다.

미래를 바꾸는 것은 지금의 행동이다. 목표는 지금 당장 움직이지 않으면 의미가 없다.

아무리 작은 행동이라도, 반대로 어려워 보이는 일이라도 극복해야만 목표와 꿈을 실현할 수 있다.

계획이 생각처럼 진행되지 않을 때 초심을 떠올리면 또 한 발짝 전진할 수 있을 것이다.

CHECK LIST

☐ 어렵다고 생각하는 일을 적는다.

☐ 즐거운 감정을 발굴한다는 생각으로 그 행동을 하면 어떻게 될지 10번 반복해서 쓴다.

6장

Time Coordinate

계획 돌아보기

돌아보고 반성하는 시간을
일정에 넣는다

목표를 향해서 움직이기만 하고 돌아보는 시간이 없다면 목표에 가까워지고 있는지 제대로 파악하기 어렵다. 그래서 먼저 리뷰 시간과 다음 계획을 세울 시간을 함께 마련해야 한다.

하루, 일주일, 한 달 단위로 돌아보기를 추천한다. 이렇게 많은 시간을 돌아보고 반성하는 데 할애하면 시간 낭비라고 말하는 사람도 있지만, 돌아보고 반성하는 시간에는 그만한 의미가 있다.

익숙해지고 나면 크게 시간을 들이지 않고도 습관처럼 하게 되므로 초반에만 의식적으로 몰입해 보자.

1 하루 돌아보기

잠들기 전이나 목표 달성을 위한 일정을 모두 끝낸 후에 오늘은 어디까지 진행되었는지 체크해 본다.

제4장에서 할 일은 일주일 단위로 관리한다고 이야기했다. 오늘 하지 못한 일은 이번 주에 설정한 버퍼 시간 내에 가능한지 확인한다. 혹시 진행이 더디다면 낼 수 있는 시간이 있는지 기한을 다시 고민해야 한다. 예상대로 진행되고 있다면 다음 날 할 일을 체크하면 된다. 불과 5분이면 끝낼 수 있는 일이다.

다른 이야기지만, 오늘 할 일을 당일 아침에 정하거나 확인하는 사람도 많을 것이다.

일어나고 나서 3시간은 뇌의 골든 타임이므로 뇌가 활발하게 움직이는 시간이다. 그 시간에 하루의 일정을 생각한다면 너무 시간이 아깝다.

그러므로 일정과 할 일은 전날에 정해야 한다. 좀 더 자세히 말하면 잠들기 전보다 하루 일과가 끝난 직후에 그날을 돌아보고, 다음 날의 할 일을 정리하면 업무 진행 상황을 파악하는 시간을 줄일 수 있다.

전날에 일정을 세운 경우와 세우지 않은 경우를 비교하면 할 일을 끝내는 시간이 1시간 이상 차이가 나기도 한다. 말할 필요도 없이 시간 아까운 일이다.

2 일주일 돌아보기

일주일 리뷰는 일요일 밤까지 한다. 일주일의 진행 상황을 확인할 수 있기 때문이다.

할 일을 일주일 단위로 관리해야 하는 장점에 대해서는 제4장에서 이야기한 대로다.

일단 이번 주 할 일이 계획대로 진행되었는지 확인한다.

그리고 다음 주에 할 일은 어디까지인지 확인하는 시간을 가져보자. 일주일 목표를 명확히 하고 일주일의 흐름이 보이도록 머릿속으로 그려보는 것이다.

★ 일주일 돌아보기

월	화	수	목	금	토	일

일요일 밤까지는 반드시 이번 주를 돌아보고 반성한 후 다음 주 계획을 세운다. →

→ **월요일 아침부터는 주간 목표로 계획한 일을 시작한다.**

주의! 돌아보기와 일주일 일정 체크는 월요일 아침에 하지 말 것!

할 일은 일주일 단위로 관리하므로 세세한 일정을 세우는 일은 일주일을 돌아보고 반성하는 시간에 한다.

이번 주에 하지 못한 일도 포함해서 다음 주 일정을 세운다. 그때 구체적인 계획은 세우지 않고 '○○은 이번 주에 한다'처럼 간단히 메모하는 일도 있을 것이다. 그래서 하지 못한 일을 미루면 미룰수록 할 일이 늘어나서 예상한 시간 안에 끝내지 못하는 경우도 생긴다.

그러므로 버퍼 시간을 길게 설정하여 여유를 두거나 걸리는 시간을 조금 더 정확하게 예측하려는 자세가 필요하다.

3 한 달 돌아보기

마지막으로 한 달을 돌아보고 반성하는 시간이다.

한 달에 한 번, 혼자만의 전략 회의 시간을 가져보자. 컴퓨터 없이 스마트폰도 꺼두고 몰입하길 바란다. 불필요한 정보가 개입하지 않는 상태에서 자신의 미래에만 온전히 집중하고 고민하는 시간이다.

나도 한 달에 한 번은 노트와 다이어리만 들고 마음에 드는 카페에 가서 두 시간 정도 혼자만의 전략 회의 시간을 즐긴다. 그동안 했던 일을 반성하고 돌아보며 미래에 하고 싶은 일을 자유롭게 떠올리고 노트에 옮겨 적어본다.

생각하지 못했던 아이디어가 떠오르는 시간이기도 해서 나에게는 즐겁기도 하고 빼놓을 수 없는 시간이기도 하다.

돌아보고 반성하는 시간은 3개월 프로젝트 시트에 작성한 계획을 기반으로 한다. 3개월 주제에 맞추어 순조롭게 진행되고 있는지를 확인하는 것이다.

일일 진행 상황은 약간만 조정하면 지연된 부분을 만회하거나 진도를 앞당길 수 있다. 그러나 계획과 많은 차이가 있다면 이 방향으로 나아가도 될지 계획은 이대로 괜찮은지 우선순위는 이대로 두어도 되는지 같은 근원적인 수정이 필요하다. 여기까지가 한 달을 돌아보고 반성하는 시간이다.

지금 할 필요가 없는 일은 시기에 맞는 계획을 세워서 미래의 계획에 추가한다. 또 아예 필요 없다고 판단한 일은 그 일 자체를 삭제한다.

4 3개월 목표를 돌아볼 타이밍과 방법

지금까지 이 책의 내용대로 제대로 실천했다면 다음 3개월 목표가 보이기 시작했을 것이다.

3개월 목표를 언제 세우면 좋은지 질문하는 사람이 많은데, 사람마다 다르기 때문에 정해진 답은 없다.

직후 3개월 목표를 세우는 사람이라면 4월에서 6월까지의 목표를 세운다고 가정했을 때 늦어도 3월에는 세우길 바란다. 그리고 3월쯤에는 7월에서 9월까지의 목표를 간략하게라도 그려보는 게 좋다.

제2장에서 설명했듯이 1년 목표를 정한 시점에 이미 3개월 목표 4개로 세분화하는 사람도 있다.

그래서 3개월 목표는 돌아보고 반성하면서 필요할 때마다 수정하자.

수정할 시점은 빠르면 일주일을 돌아보고 반성할 때 하면 되지만, 기본적으로 한 달을 돌아볼 때 해도 괜찮다. 일주일을 돌아볼 때 다음 주에 커버할 수 있다고 판단되면 한 달 목표와 3개월 목표를 수정할 필요가 없기 때문이다.

수정을 여러 번 반복하게 되면 목표를 달성하는 일보다 수정 자체가 목적이 되기 쉽다.

또 작성한 일에 추가할 일이 생겼다면 그 일도 제대로 적어야 한다. 그리고 달성한 부분은 ◯라고 표시해야 계획대로 잘 진행된다고 느낄 수 있다.

특히 중요한 부분은 작성했지만, 하지 못한 일이다.

이 일을 뒤로 미루지 않고 '하지 않겠다'는 판단을 하는 경우도 있다. 하지 않겠다는 판단도 몹시 중요하다.

또 그만두지 않는다고 정했다면 언제 할지를 정한다. 가령 10월 상순에 하려고 했던 일을 12월 상순으로 일정을 옮기는 것이다.

반면에 당분간은 하지 않겠다고 판단한 일이 있다면 깔끔하게 미래로 보내도 괜찮다.

★ 3개월 프로젝트 시트에 돌아보기를 작성한다.

3개월 프로젝트 시트

MY PROJECT	10월			11월			12월		
	상순	중순	하순	상순	중순	하순	상순	중순	하순
신규 사업안 완성하기	시안 작성	→	부장님 첫 번째 체크 ok!	시안 수정	→	부장님 두 번째 체크	수정	부장님 최종 체크	완성
		추가 리서치 → **추가할 사항이 있을 때마다 기입**							
자격증 시험 합격을 위해 문제집 2회 풀기 (300문제x2)	5시에 일어나는 습관 만들기 **달성했다면 ○표시**			5시에 일어나는 습관 만들기		○400문제	1월 모의고사 신청		600문제
	매일 5시에 일어나기가 어려우니 일단 5시 반부터!	○200문제							
	개선할 점 찾았다면 수정하기								
	평일 5문제 주말 10문제+복습 ————————————————————→								
해외여행	어디에 갈지 가족회의	결정		숙박할 곳 찾기	결정				가족 여행 모두 한 해 동안 고생했어-!!
	후쿠오카로 결정! → **결정 사항**								
퍼스널 트레이닝으로 3kg 감량	마음에 드는 트레이너를 찾지 못했으므로 12월까지 찾아보자!								
	체험 신청	퍼스널 트레이닝 시작	트레이너 선정	계획은 주 3회로 설정					
	→ 내년 1월에 다시 도전하기 **미래로 보낼 일**								

190

이를테면 올해 10월에 하려고 했지만, 더 중요한 일이 생겨서 미래로 보낸다고 판단하는 것처럼 말이다. 할지 말지 결정하는 일까지 포함해서 내년 4월에 다시 한번 고민한다고 정한다. 자신의 의지로 공을 던지는 것처럼 '미래에서 기다려!'라는 긍정적인 마음으로 할 일을 미래로 보내는 것이다.

미루는 일을 부정적으로 생각하는 사람도 있지만, 그럴 필요는 없다. 자신의 의지로 즐거운 일을 미래로 보냈다고 생각하자!

CHECK LIST

- [ ] 매일, 일주일에 한 번, 한 달에 한 번, 3개월에 한 번은 정기적으로 돌아보고 반성할 시간을 미리 정한다.
- [ ] 매일 돌아보고 반성할 시간을 갖고 내일 할 일을 체크한다.
- [ ] 일요일 밤까지 일주일을 돌아보고 반성하며 다음 주 계획을 확인한다.
- [ ] 한 달에 한 번은 한 달 목표의 진행 상황을 확인하고 돌아보며 수정할 시간을 갖는다.
- [ ] 3개월 목표를 돌아보고 수정한다.

계획을 돌아볼 때의
세 가지 항목

돌아보고 반성하는 시간을 가지라고 하면 대부분 하지 못한 부분이나 개선점부터 찾으려고 하지만, 그렇게 되면 제대로 하지 못했다는 인식이 뇌에 박히게 된다.

그러므로 먼저 잘한 부분에 시선을 돌려보자. 잘한 일은 솔직하게 칭찬한다. 자신을 인정하는 일도 필요하다.

시작할 때는 다음의 예시처럼 성과를 적는다.

- 스스로 잘한 일
- 하고 나서 좋았던 점

- 실제로 해보고 계속하고 싶다고 생각했던 일

성과를 써보면 자신에 대한 신뢰도가 올라간다. 신뢰도가 올라간 상태에서는 마음에 여유가 생기며 침착하고 객관적인 시선으로 사실을 바라볼 수 있게 된다.

성취욕이 채워졌다면 다음으로 개선할 점을 적는다.

- 하려고 했지만, 하지 못한 일
- 조금 더 노력했다면 좋았을 일
- 계속하기 어려웠던 일

이렇게 쓰고 난 뒤 시간이라는 원인을 기준으로 과제를 나눈다.

시간을 들였는데도 하지 못한 일인지 시간을 들이지 않아서 실패한 일인지를 나누는 것이다. 이 결과에 따라서 앞으로 어떤 점을 개선해야 할지가 정해진다.

시간을 충분히 들였는데도 하지 못했다면 목표가 너무 거창했을 수도 있으며 소요 시간 예측을 잘못했을 수도 있고 애초에 준비가 부족했을 가능성도 있다.

반대로 시간을 들이지 못해서 실패했다면 컨디션이 좋지 않았거나 집안에 일이 생겼거나 회사에서 갑작스러운 업무 요청이 들어온 상황도 떠올릴 수 있다.

다음에 같은 일을 반복하지 않으려면 무엇을 해야 할지 구체적인 원인부터 파악해야 한다.

★ 시간을 기준으로 과제를 나눈다.

달성하지 못한 일	시간을 들이지 않아서 실패했는가?	의욕 문제인가? 컨디션이 좋지 않았나? 집안에 문제가 있었나?
	시간을 들였는데도 실패했는가?	과한 목표를 설정했나? 예상 시간을 잘못 잡았나? 예상하지 못한 문제가 발생했나? 잘못된 수단을 선택했나? 집중력이 부족했나? 인풋이 부족했나?

↓

잘한 일도 제대로 검증한다!

예상 시간이 정확해야 하고 버퍼 시간을 생각보다 길게 잡아야 한다. 일정 전체를 보면서 우선순위를 정하는 일이 얼마나 중요한 지를 알 수 있는 부분이다. 무슨 일이 생길지 알 수 없다는 사실을 항상 인식하도록 하자.

마지막으로 그만둘 일이나 그만두려고 생각하는 일을 적는다.

★ 계획을 돌아볼 때의 세 가지 항목

1 성과	• 스스로 인정할 만큼 잘한 일 • 시도해서 좋았던 일 • 계속 해도 좋겠다고 생각한 일	이처럼 플러스가 되는 부분은 무엇인가?
2 개선	• 하려고 했지만, 하지 못한 일 • 다른 방법으로 해봤으면 좋았을 일 • 계속하기가 어려운 일	이처럼 개선이 필요하다고 느끼는 부분은 무엇인가?
3 그만둘 일 (버린다 맡긴다 놓는다)	• 효율이 떨어지는 일 • 의무감으로 하고 있는 일 • 중요도가 떨어지는 일	이처럼 앞으로 버리고, 맡기고, 놓아야 할 일은 무엇인가? 어떤 사소한 일이라도 좋다.

성과와 개선할 점과 더불어서 한 가지 더 되돌아봐야 할 사항이 그만둘 일이다.

- 효율이 떨어지는 일
- 의무감으로 하고 있는 일
- 중요도가 떨어지는 일

이렇듯 앞으로 할 필요가 없다고 판단한 일을 적도록 하자.

CHECK LIST

☐ 리뷰하는 시간에는 성과와 개선할 점, 그만둘 일을 생각하며 돌아보고 반성한다.

그만두기를
주저하지 마라

1 '버린다, 맡긴다, 놓는다'를 활용하여 그만둔다

하루는 24시간으로 정해져 있다.

시간을 줄일 수 있는 효율적인 방법과 마감 기한을 고민하기에
도 부족할 만큼 해야 할 일이 많은 것이 현대를 살아가는 우리의 현
실이다. 어떻게 하면 짧은 시간 내에 가능할지, 어떤 효율적인 방법
이 있는지 고민해도 해야 할 일은 늘어나고 결과적으로 시간에 쫓
기게 되기 쉽다.

시간을 만들기 위해서는 좀 더 근본적인 부분을 개선할 필요가
있다.

목표와 꿈처럼 한정된 시간 안에 새로운 시도를 할 때는 그만둔다는 관점이 더욱 필요하다. 우리는 인생에서 하고 싶은 일을 할 시간조차 부족하다. 그래서 자신만이 할 수 있는 일에 몰입하여 시간을 활용해야 한다.

그렇다면 어떻게 그만두면 좋을지 방법을 살펴보자.

할 일을 놓고자 할 때는 '버린다, 맡긴다, 놓는다'라는 관점이 필요하다.

이를테면 전임자가 하던 일이라는 이유만으로 담당했지만 성과가 그다지 좋지 않은 업무는 버린다.

중요한 업무지만, 후배의 발전을 위해서 직접 권해보는 것도 좋은 기회라는 판단을 했다면 후배에게 맡긴다.

처음부터 완벽한 기획서를 작성할 필요는 없다. 먼저 30%를 완성해 놓고 방향성을 상사에게 확인받는 편이 사전에 실수도 방지할 수 있으며 상사의 피드백에 따라서 단번에 나머지 70%가 완성되기도 한다. 그러므로 처음부터 완벽함을 목표로 두지 않고 놓는다.

후배의 발전과 실수를 줄이는 일처럼 할 일을 그만두면 시간이 생기는 것 외에도 다양한 효과를 기대할 수 있다. '버린다, 맡긴다, 놓는다'는 관점으로 그만둘 일은 없는지 고민해 보자.

또 그만둘 일은 자신의 기분이 좋은 일인지 아닌지를 기준으로 나누어도 좋다. 기분 좋은 시간을 보내기 위해서 부정적인 일을 하는 시간을 버리는 자세도 필요하기 때문이다.

2 그만두기는 하루 만에 할 수 없다

눈에 보이는 작은 일이라면 그만두기도 쉬워진다.

그렇지만 머리로는 '그만두고 싶지만, 내가 하는 편이 빠르니까', '내가 해야 퀄리티가 올라가니까', '인수인계하는 시간이 아까우니까'라며 그만두는 편이 낫다고는 인지하고 있으나 그만두지 못한 채 끌어안고 있기도 한다.

이럴 때 '지금 잠시 번거롭고 말 것인가, 앞으로 계속 번거로운 일을 떠안을 것인가'라는 질문을 떠올려 보길 바란다.

"인수인계는 그렇게 간단한 게 아니야!"라고 말하는 목소리가 어디선가 들리는 듯하지만, 인수인계라는 그 순간의 번거로움을 피하려다가 평생 당신이 해야 할 일이 될 수도 있다는 가능성도 염두해야 한다.

당신만 할 수 있는 일이 당신이 좋아하고 잘하는 일이며, 아무런 부담 없이 빠르게 처리할 수 있는 일이라면 당연히 그만두지 않아도 된다. 그러나 번거롭다는 생각이 들었다면 당신이 할 필요가 없는 일이다. 당신의 발전을 위해서라도 그 일을 계속 안고 간다면 시간만 너무 아까울 뿐이다.

후임 양성이라는 관점에서 보아도 당신이 그만두어야 한다.

당신은, 당신만이 할 수 있는 일에 시간을 들이고 그 일로 남에게 도움이 되길 바란다.

3 정말 그만둬야 할 것은 해야 한다는 의무감

시간을 활용하는 방법에는 그 사람의 가치관이 드러난다. 하고 싶은 일을 할 시간이 없다는 상황을 자세히 들여다보면 세상에 대한 체면과 속박, 고정관념이 원인인 경우도 있다.

이를테면 사생활보다 업무를 중요하게 생각해야 한다든가 근무 시간 내에 일을 끝내야만 퇴근할 수 있다든가 식사는 직접 만들어 먹어야 한다는 것처럼 말이다.

혹시 이런 생각을 하는 자신을 발견했다면 돌아보고 반성하는 시간에 적어보자.

그만두기는 갑자기 되는 일이 아니다. 먼저 했을 때 기분 좋지 않은 일이 무엇인지 깨닫는 것부터 시작이다.

깨닫고 나서는 인정해야 한다. 해야 한다는 의무감을 느꼈다고 해도 그렇지 않다고 부정하기도 한다. 그러나 그 시기가 지나면 차츰 인정하는 시기가 찾아온다.

인정하고 나면 마지막으로 그만두기를 실행할 때가 온다.

200

나에게 좋지 않은 일이라는 사실을 깨닫고 단계를 밟아가며 그만두게 되는 것이다. 초조해하지 말고 그만두기의 단계를 밟아가자.

4 그만둔다고 해서 제멋대로인 건 아니다

그만두기를 이야기하면 자주 나오는 반응이 "그만두는 게 중요한 건 알겠지만, 내가 싫어하는 일을 다른 사람에게 미루는 느낌이 들어서 마음이 불편해요", "하기 싫어서 버리는 듯해서 하고 싶지 않아요"이다.

그만두기에 죄악감을 느끼고 있는가?

그만두기의 개념을 다르게 생각해 보자!

가정에서 아이에게 집안일을 돕게 하면 아이의 자립심에 도움이 되며 집안일과 업무 흐름을 집과 직장에 공유하면 갑작스러운 일이 발생했을 때 서로 도울 수 있다.

또 자신이 하는 편이 빠르고 퀄리티도 높다고 생각했던 일을 다른 사람에게 맡겨보면 자신이 하는 것보다 좋은 결과가 나오기도 한다.

사실은 계속 끌어안고 가게 되면 결과적으로 모두를 불행하게 만들 수도 있다.

나 이외의 사람이 성장하고 활약할 기회를 빼앗는 일일지도 모른다. 가정에서도 직장에서도 떠안고만 있지 말고 누구에게든지 맡길 수 있는 환경을 조성해 두면 급한 일이 생겼을 때 서로 도움이 될 수 있다.

★ 그만두기는 한 번에 되지 않는다.

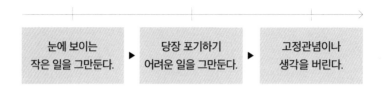

그만두기는 하루 만에 되지 않는다.

또 그만두는 일도 '그만둔다'와 '그만두지 않는다'처럼 0 아니면 100이라는 관점으로 보지 않는다. '한다'와 '하지 않는다'는 극단적인 선택지만 두기 때문에 그만두기가 더 어려워지는 것이다.

할 일을 최대한 작게 나누어 적고 단계적으로 생각해 보자. 그만둘 수 있는 일부터 시작해서 그 영역을 점점 넓혀 나가면 된다.

CHECK LIST

☐ 버린다, 맡긴다, 놓는다는 관점으로 생각하고 그만둔다.

☐ 마음속에서 해야 한다는 의무감이 들었던 경우를 적는다.

7장

Time Coordinate

목표 달성에 효과적인
다이어리 활용법

다이어리의 목적

1 직접 써보는 효과

지금까지는 목표를 달성하려면 계획이 얼마나 중요한지를 설명했다. 계획을 실행하기 위해서는 시간을 어떻게 보는지가 중요하다.

또 그 계획을 어디에 적는지도 중요하다. 노트나 다이어리나 디지털 기기 같은 다양한 도구가 있지만, 나는 아날로그로 직접 적어보기를 추천한다.

직접 적는 장점으로는 기억에 쉽게 남는 점을 들 수 있다. 게다가 머릿속으로 생각한 것을 정리되지 않은 단계부터 자유롭게 적을 수 있어서 쓰면서 생각 정리도 가능해진다.

아날로그 중에서도 다이어리를 추천하고 싶다. 일반 노트에는 어디에 무엇을 적어야 할지 고민하게 되기 때문이다.

일정을 관리하려고 다이어리를 사용하는 사람도 많지만, 다이어리의 역할은 일정 관리만이 아니다. 목표와 계획을 세울 때도 쓸 수 있고 실행한 후에는 개선할 점을 찾아보는 등 생각과 행동을 정리하는 데도 도움이 된다.

다이어리는 업무의 질을 높이고 싶거나 목표를 이루고 싶다거나 직장과 가정의 균형을 맞추고 싶을 때 등 목적에 맞게 고르는 것이 중요하다. 먼저 내가 어떤 모습으로 살아가고 싶은지 어떤 미래로 나아가고 싶은지부터 정한다.

2 목적에 맞는 형식 고르기

다이어리에는 월간 날짜 형, 주간 날짜 형, 주간 리포트 형, 위클리 버티컬 타입, 데일리 버티컬 타입 등 다양한 형식이 있다. 나누어서 특징을 살펴보도록 하자.

▶ 월간 날짜 형

가볍게 들고 다니고 싶거나 다른 사람과의 약속, 고객과의 약속을 잊지 않도록 예정을 메모하는 일에 활용하고 싶은 사람과 한 달 일정 전체를 확인하고 싶은 사람에게 추천한다.

펼쳤을 때 한 달 전체가 보이며 하루에 한 칸이 있는 형식이다. 한 칸으로 쓸 수 있는 공간이 작은 편이다.

▶ 주간 날짜 형

자유롭게 쓸 수 있으며 할 일이나 하루 리뷰를 쓰고 싶은 사람에게 추천한다. 펼쳤을 때 일주일 전체를 볼 수 있으나 시간별로 나누어져 있지는 않다.

▶ 주간 리포트 형

일정을 한 눈에 관리하고 싶거나 다이어리 꾸미기, 일기 쓰기를 좋아하는 사람에게 추천한다.

▶ 위클리 버티컬 타입

24시간이 표시된 주간 단위 다이어리다. 하루에 여러 일정이 있는 사람에게 추천한다. 버티컬 타입은 30분 단위나 기상부터 취침까지 시간대별 구분 등 형식이 다양하다.

▶ 데일리 버티컬 타입

24시간을 한 페이지로 볼 수 있고, 하루를 여유 있게 쓰고 싶은 사람에게 추천한다. 버티컬 타입인 위클리와 데일리는 기능도 같아서 각자 목적에 맞는 것을 고르면 된다.

★ 월간 날짜 형

★ 주간 날짜 형

★ 주간 리포트 형

★ 버티컬 타입

3 다이어리의 목적은 일정 관리만이 아니다

다이어리를 일정 관리를 위해 사용하는 사람이 많을 것이다. 나도 중학생 때부터 매년 빠지지 않고 다이어리를 사용해 왔는데, 일정 관리 목적으로 다이어리를 사용했다.

그때를 돌이켜보면 마감이나 약속을 잊지 않는 것을 중요시했기에 '지금'이라는 한순간만 잘라서 보았다. 물론 나중에 있을 마감과 약속도 기록해야 일정을 조정하거나 이중 약속을 방지할 수 있다.

하지만 그렇게만 사용하게 되면 급하고 중요한 일은 빼놓지 않고 처리할 수 있지만, 급하지 않지만 중요한 일을 해나가기는 어렵다.

'시간이 나면 하자'고 생각하면 결국 평생 시간은 나지 않고 눈앞의 일을 해나가는 데 온 힘을 쏟게 된다.

일정 관리만 할 생각이라면 무겁고 자리만 차지하는 다이어리를 사용하기보다 스마트폰 애플리케이션으로 관리하는 편이 더 훨씬 효율적이다.

목표와 꿈은 급한 일은 아니다. 중요하지만 급하지 않은 영역이다. 목표와 꿈을 실현하기 위해서는 시간이 필요하다. 장기 계획을 세울 때 다이어리를 활용해 보자.

4 시간을 한눈에 파악할 수 있다

시간을 한눈에 파악할 수 있는 것이 다이어리의 최대 장점이다. 24시간을 한눈에 파악할 수 있으면 전체적인 관점과 세부적인 시점으로 장기와 단기를 번갈아 보면서 확인하는 일이 가능하다.

먼저 버티컬 타입 다이어리를 이용해서 24시간을 어떻게 활용할 것인지 적는다.

버티컬 타입에는 데일리와 위클리 타입이 있는데 어떤 게 더 좋냐는 질문을 자주 받는다. 나는 위클리 타입을 추천하고 싶다.

한때 데일리 타입을 써본 적도 있었으나 장점보다 단점이 많았기 때문에 위클리 버티컬 타입으로 바꾸었다.

데일리 타입의 첫 번째 단점으로는 일주일 단위로 할 일을 관리하기 어렵다는 점을 들 수 있다.

데일리 타입은 하루 단위로 시간을 나누기 때문에 다이어리 앞쪽과 뒤쪽을 번갈아 가면서 일정을 세우게 된다. 반복하는 만큼 시간을 낭비하게 되는 것이다.

두 번째는 한 페이지가 하루인 만큼 다이어리 무게가 무겁다는 점이다.

무거운 다이어리는 들고 다니기 어렵다.

물론 데일리 타입에도 장점은 있다. 위클리 타입보다 쓸 공간이 많아서 일기를 쓰려는 사람에게는 만족스러운 다이어리가 될 것이다.

5 목적은 완벽한 다이어리 사용이 아니다

많은 사람이 '다이어리를 계속 쓰기가 어려워요', '다이어리 사용법을 모르겠어요'라고 질문하는데 다이어리를 완벽하게 활용하는 것에 목적을 둘 필요는 없다.

다이어리를 활용하는 목적은 목표와 꿈을 실현하기 위해서 실행할 수 있는 행동 계획을 세우는 데 있다. 행동으로 옮기기 직전 단계까지 도움이 되며 미래를 향해 함께 나아가는 파트너가 되기도 한다.

다이어리의 모든 페이지와 모든 항목을 사용해야 한다고 생각하는가? 칸을 전부 채우지 않으면 다이어리를 제대로 활용하지 못한다고 생각하고 있는가?

그렇다면 다이어리를 활용할 시간도 없을 정도로 시간에 쫓기는 상황일 수도 있다.

만약 그런 상황이라면 자신을 괴롭히는 다이어리를 완벽히 활용하지 않아도 상관없다. 다만 눈에 들어오는 장소에는 놓아두자.

CHECK LIST

☐ 다이어리는 일정 관리만이 아니라 목표와 꿈을 실현하기 위한 행동에도 활용한다.

☐ 목표와 꿈을 이루기 위해 실행 가능한 계획에 맞는 다이어리 타입을 선택한다.

☐ 24시간 파악부터 시작한다.

☐ 다이어리를 완벽하게 활용하는 데 목적을 두지 않는다.

2

디지털 기기와 함께 사용하면
효과도 두 배!

다이어리와 노트 같은 아날로그의 장점을 지금까지 설명했으나, 그렇다고 해서 디지털을 부정하는 것은 아니다. 당연하게도 아날로그에도 디지털에도 장단점이 존재한다. 아날로그와 디지털의 장점을 함께 활용하면 목표 달성에 도움이 된다.

디지털의 장점은 크게 다섯 가지로 들 수 있다.

① 알람 기능이 있다.

② 할 일을 관리하기가 편하다.

③ 동기화 기능을 활용해서 언제 어디에서나 확인할 수 있다.

④ 여러 사람에게 일정 공유를 할 수 있다.

⑤ 들고 다니기 편하다.

디지털의 장점은 무엇보다도 지금 이 순간을 떼어놓고 볼 수 있다는 점에 있다. 목표와 꿈을 위해서 할 일을 명확히 하고 한 번에 관리할 수도 있다. 진행 상황을 공유해서 어디에서든지 확인할 수 있으며 마감 전에 알림을 보내주기도 한다. 이런 기능은 꼭 활용하길 바란다.

다음의 아날로그와 디지털을 나누어 활용하는 방법을 추천한다.

① 노트에 아이디어를 적는다(머릿속 내용을 종이에 옮긴다).

② 다이어리로 중장기 계획을 세운다.

③ 디지털 기기로 일정 관리를 한다.

아날로그와 디지털을 함께 활용하여 목표와 꿈에 한 발짝 더 다가가 보자.

CHECK LIST

☐ 아날로그와 디지털을 활용해서 목표와 꿈을 실현해 본다.

다이어리 선택법

신종 코로나바이러스를 계기로 일하는 방식뿐만 아니라 시간에 대한 인식도 크게 변했다.

지금까지는 시간을 업무 중심으로 활용했지만, 재택근무를 도입하면서 시간을 가족 중심으로 활용하는 방법도 알게 되었다고 말하는 사람이 있었다.

이 사람은 시간 단축과 효율화를 통해 일할 시간이 확보되면 더 많은 업무를 소화해서 성과와 결과를 내야 한다고 생각하며 치열하게 살아왔을 것이다.

코로나바이러스가 계기가 되어 시간 단축과 효율화를 적극적으로 활용하여 생긴 시간을 좀 더 풍요로운 인생을 보내는 데 쓰기를 바라는 사람이 늘어나고 있다.

그와 더불어 다이어리에 바라는 점도 바뀌며 기존 형식의 시간 관리를 위한 다이어리와 자신을 마주보기 위한 다이어리, 두 가지 종류로 나누어지고 있다.

▶ **기존 다이어리 특징**

• 일정과 할 일을 관리하기 위한 다이어리
• 시간을 효율적으로 줄이기 위해서 시간을 정리하는 다이어리
• 마음이 설렐 만한 일을 적어서 자신의 진심을 깨닫기 위한 다이어리

▶ **미래의 다이어리 특징**

• 일상적인 스케줄을 소화하면서 한정된 시간 안에 꿈을 실현할 계획을 세우는 다이어리
• 미래의 모습을 그려보고 계획 실천에 도움이 되는 다이어리
• 자신의 생각을 실현하기 위한 혼자만의 회의를 위한 다이어리

미래의 다이어리는 단순히 일정 관리가 목적이 아니라 인생을 새롭게 여는 데 가치를 둘 것이라고 예상한다.

목표와 꿈에 한 발짝 다가가기 위해서 시간만 관리해서는 실현하기 어렵다. 100세 시대가 되어 평생 직장이라는 개념도 사라지고 있는 지금 자신의 인생은 스스로 책임져야 한다고 볼 것인지, 자신이 인생을 자유롭게 창조할 수 있다고 볼 것인지에 따라서 시간의 가치도 당연히 달라질 것이다.

인생의 목적이 다양해지면서 다이어리도 여러 가지 타입이 나오고 있다. 다이어리를 선택하는 방법은 한층 더 흥미로워지리라고 생각한다.

당신에게 맞는 다이어리를 선택해 보자.

CHECK LIST

- [ ] 시간을 관리하기 위한 다이어리와 스스로를 돌아보기 위한 다이어리 두 종류가 있다.
- [ ] 미래의 다이어리는 좀 더 다양해질 것이다. 자신에게 맞는 다이어리인지 고민이 필요하다.

다이어리로
타임 코디네이트를 실천한다

마지막으로 내가 고안한 '타임 코디네이트 다이어리'를 소개하려고 한다. 자신의 다이어리에 넣고 싶은 내용이 있다면 꼭 실천해 보길 바란다.

타임 코디네이트 다이어리는 이 책에서 계속 말한 것처럼 본인이 편하다고 느끼는 방법으로 시간을 활용하면서, 인생에서 중요하다고 여기는 가치관에 따라 하고 싶은 일을 실현하기 위한 기능을 모아놓은 다이어리다.

★ 월간 페이지

10 2024 OCTOBER

MON	TUE	WED	THU	FRI	SAT	SUN
1	2					
7	8	9	10	11	12	13
14	15	16	17	18	19	20
21	22	23	24	25	26	27
28	29	30	31			

월간 목표를 적는다.

11 2024 NOVEMBER

MON	TUE	WED	THU	FRI	SAT	SUN
				1	2	3
4	5	6	7	8	9	10

펼쳐진 한 페이지가 2개월 단위로 구성되어 장기적 관점으로 볼 수 있다.
시간 관리는 주간 페이지에서 하고 월간 페이지에서는 전체적인 내용을 파악한다.

★ 주간 페이지

10 2024 OCTOBER

월간 목표를 적는다.

7 MON 8 TUE 9 WED 10 THU 11 FRI 12

할 일 페이지
기한 / 예상 시간 /
걸린 시간을
정확히 적는다.

하루 동안의
TO DO 리스트와
메모를 적는다.

돌아보기 페이지
성과 / 개선할 점 / 그만
둘 일이라는 관점으로
일주일을 돌아본다.

24시간 칸

기한	할 일	예상 시간	걸린 시간

성과

개선할 점

그만둘 일

시간을 단편적인 관점으로 보지 않고 기분이 좋아지는 시간을 탐구하고 목표와 꿈을 이루기 위한 행동 계획을 각각 단기적인 관점과 장기적인 관점으로 볼 수 있다.

24시간이라는 단기뿐만 아니라 중장기적인 시간도 한눈에 볼 수 있다는 점이 특징 중 하나다.

월간 페이지를 펼치면 2개월을 한눈에 볼 수 있어서 장기적인 관점으로 일정을 세울 수 있다.

주간 페이지는 24시간을 파악할 수 있도록 버티컬 타입을 채택했다. 할 일을 적는 칸에는 기간과 예상 시간, 결과 시간을 적는 칸도 준비되어 있다. 돌아보기 칸도 있어서 성과와 개선할 부분과 그만둘 일을 적을 수 있도록 하고 있다.

주간 페이지는 1년 전체가 끊김 없이 연속 페이지로 연결되어 있다. 이 부분은 내 고집이기도 하여 일주일이라는 시간을 다음 일주일과 연결해서 볼 수 있도록 만들었다.

★ 나의 다섯 가지 역할 시트

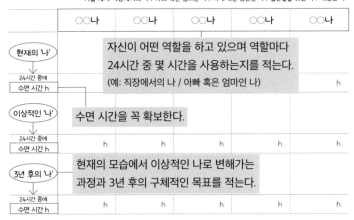

기입 예시: 직장에서의 나 / 아빠 혹은 엄마인 나 / 아내 혹은 남편인 나 / 집안일을 하는 나 / 개인인 나

	○○나	○○나	○○나	○○나	○○나
현재의 '나' 24시간 중에 수면 시간 h	자신이 어떤 역할을 하고 있으며 역할마다 24시간 중 몇 시간을 사용하는지를 적는다. (예: 직장에서의 나 / 아빠 혹은 엄마인 나)				h
이상적인 '나' 24시간 중에 수면 시간 h	수면 시간을 꼭 확보한다. h	h	h	h	h
3년 후의 '나' 24시간 중에 수면 시간 h	현재의 모습에서 이상적인 나로 변해가는 과정과 3년 후의 구체적인 목표를 적는다. h	h	h	h	h

★ VISION 역산 시트

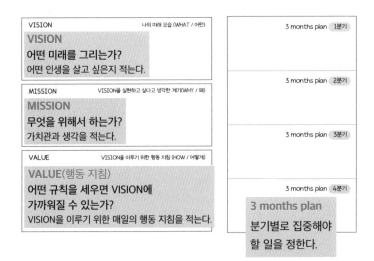

VISION　　　나의 미래 모습 (WHAT / 어떤)

VISION
어떤 미래를 그리는가?
어떤 인생을 살고 싶은지 적는다.

MISSION　　　VISION을 실현하고 싶다고 생각한 계기(WHY / 왜)

MISSION
무엇을 위해서 하는가?
가치관과 생각을 적는다.

VALUE　　　VISION을 이루기 위한 행동 지침 (HOW / 어떻게)

VALUE(행동 지침)
어떤 규칙을 세우면 VISION에 가까워질 수 있는가?
VISION을 이루기 위한 매일의 행동 지침을 적는다.

3 months plan　1분기

3 months plan　2분기

3 months plan　3분기

3 months plan　4분기

3 months plan
분기별로 집중해야 할 일을 정한다.

★ 3개월 프로젝트 시트

3개월 프로젝트 시트

MY PROJECT				Month					
	상순	중순	하순	상순	중순	하순	상순	중순	하순

어떠한 일정으로 진행하고 싶은 지를 상순 / 중순 / 하순으로 간 략하게 할 일을 정한다.

진행하고 싶은 프로젝트를 적는다.

할 일을 적은 후에 세분할 일을 적는다.

그리고 월간 페이지와 주간 페이지의 활용 기반이 되는 페이지가 바로 3개의 오리지널 페이지다.

① 자신에게 편안한 시간 활용법을 알 수 있는
〈나의 다섯 가지 역할 시트〉

사람에게 중요한 수면 시간을 먼저 확보하고 24시간에서 수면 시간을 제외한 시간을 어떤 비율로 사용하고 싶은지를 생각하는 시트다. 단순하게 쓰는 것이 아니라 24라는 한정된 숫자로 표기해야만 객관적으로 파악할 수 있다.

② 중요하다고 생각하는 가치관에 따라 행동하게 하는
〈VISION 역산 시트〉

왼쪽 페이지에는 비전과 미션과 행동 지침을 적을 수 있다. 시야가 좁아졌다고 느껴질 때 이 페이지로 돌아가서 자신이 무엇을 중요하게 여기고 싶은지를 다시 돌아볼 수 있다. 그리고 오른쪽 페이지는 비전을 기반으로 3개월 목표 4개를 쓸 수 있는 공간이 있다.

③ 꿈을 이루기 위한 행동 규칙을 깨닫게 해주는
〈3개월 프로젝트 시트〉

이 시트는 목표와 꿈을 꿈인 채로 끝나지 않게 해준다. 3개월 갠트 차트를 활용해서 3개월 목표를 세분화한다. 3개월이라는 기간을 한 페이지로 확인하면 진행 상황이 한눈에 보이기 때문에 계획을 세우기 쉬워진다.

CHECK LIST

☐ 스스로가 타임 코디네이터가 되어 자신만의 다이어리를 작성해 본다.

에필로그

결과를 내는 사람과 내지 못하는 사람의 차이는 무엇일까?

도중에 포기를 하는지 안 하는지에 그 차이가 있다. 다시 말하면 끝까지 하는 것이 비결이다.

하지만 참고 노력하며 버틴다고 해도 끝까지 해내기란 어렵다.

'버티다'라는 말의 의미를 알고 있는가?

① 어려운 일이나 외부의 압력을 참고 견디다.

② 어떤 대상이 주변 상황에 움쩍 않고 든든히 자리 잡다.

③ 주위 상황이 어려운 상태에서도 굽히지 않고 맞서 견디어 내다.

자신에게도, 다른 사람에게도 "힘내!"라거나 "버티자!"라고 말하는 것은 "어려워도 이겨내야 해!", "꾹 참고 끝까지 하는 거야!"라고 말하는 것과 다름없다.

너무 어렵고 버거운 일이다. 극복하려는 자세는 꼭 필요하지만, 잘못 사용하면 모처럼 세운 목표와 꿈 모두 괴로운 여정이 될 뿐이다.

내가 시간을 어떻게 활용할지 의식하기 시작한 때는 중학교 1학년부터였다. 그로부터 30년 정도가 흘렀지만 한 해도 빠짐없이 다이어리를 활용해서 시간과 감정을 교류해 왔다.

당시에는 학원과 동아리 활동 일정만 적었다.

특별히 적을 내용이 없어서 오늘 즐거웠던 세 가지 일이라는 이름을 붙이고 매일 쓰기 시작했다. 그리고 오늘 하루는 100점 중에서 몇 점인지 점수를 매겼다.

지금 떠올려 보면 그다지 밝은 아이는 아니었구나 싶다.

설마 이 경험이 미래의 직업이 되리라고는 생각지도 못했다.

타임 코디네이트의 기본은 편안하게 시간을 활용하는 것이다. 편안하다는 말에서 느긋하다거나 여유가 있다는 이미지를 떠올리는 사람도 있겠지만, 사람마다 조금씩 차이는 있다.

실제로 타임 코디네이트를 실천하고 있는 사람 중에서 "여유가 있었으면 좋겠지만, 여유만 있는 건 싫어!"라거나 "편하게만 살고 싶은 건 아냐!"라고 말하는 사람이 많은데 어느 쪽을 택하고 싶은지 다시 물으면 "적극적으로 나아가지만, 때때로 발버둥도 치면서 내 인생은 스스로 개척하고 싶어"라고 대답하는 사람이 많다.

다른 사람들이 볼 때는 요령이 좋아 보이지만, 실제로는 투박한 방법으로 열심히 노력하며 살아가는 사람들이라고 생각한다. 그런 세련되지 않은 면이 정말 좋다.

투박하고 고되기만 하면 괴로워질 뿐이다. 무엇보다 기본적으로 편안하고 즐겁다는 감정을 소중히 하는 마음이 있어야 적극적으로 나아갈 수 있다.

지금부터라도 꼭 '오늘 즐거웠던 일 세 가지'를 적어보길 바란다.

사실 우리 가족은 매일 저녁 식사 시간과 잠들기 전에 함께 이 게임을 한다.

내 비전이기도 한 '아이에게 삶의 즐거움을 알려주고 싶다'가 사실은 이 게임과 연관이 있다. 나는 어릴 적부터 즐겁고 편안해지는 일을 선택해서 그 일에 많은 시간을 할애했다. 그 시간을 스스로 선택한 것이 삶의 즐거움과 연결되어 있다는 사실을 새삼 깨닫는다.

시간을 활용하는 방법을 통해서 아이들도 즐겁고 편안해지는 일을 직접 고르고 결정하는 미래를 개척해 나가기를 바란다.

또 한국에서 살았던 9년 동안 가치관은 물론이고 시간을 활용하는 방법과 삶의 방식, 일하는 방식과 인생에서 중요한 일을 대하는 자세 등 많은 것이 바뀌게 되었다.

한국에 가기 전에는 시간 관리와 계획 세우기, 일정 관리 이 세 가지 일에는 누구보다 자신이 있었다.

그러나 장시간 근무가 당연했던 당시 회사에서 일해보니 아무리 계획을 세워도 상황에 맞춰서 대처하지 못하면 아무런 의미가 없다는 사실을 뼈저리게 깨닫게 되었다.

1에서 10까지 한 단계씩 준비하는 일본과 1부터 10까지를 동시에 준비하는 한국, 다양한 상황에 대처하려는 아시아 여러 나라와 각자의 의견을 강력히 주장하는 미국과 유럽에 이르기까지 세계 여러 나라와 일을 해보니, 각 나라의 좋은 부분과 차이점도 배울 수 있었다. 이 경험 덕분에 나는 계획을 세우고 실행하는 과정에서 유연성을 갖추게 되었다.

유연하게 처리하는 일이 얼마나 중요한지를 배운 것도 이 무렵이었다.

이 책을 읽고 목표와 꿈을 향해서 달려가는 모든 사람이 멈추지 않고 유연한 자세로 마지막까지 완주한다면 이보다 기쁜 일은 없을 것이다.

시간을 어떻게 보내는지에 따라 삶의 질이 달라진다.

마지막까지 읽어주신 여러분에게 감사의 마음을 전하고 싶다.

요시타케 아사코

• 국내 출판 외서는 한국어판 제목을 따랐습니다.

타임 코디네이트, 인생이 바뀐다

초판인쇄 2024년 12월 20일
초판발행 2025년 1월 5일

지은이
요시타케 아사코

옮긴이
이슬

기획
조성근, 권진희, 최미진
주상미, 김가원

편집
김가원, 최미진

디자인
공소라

마케팅
조성근, 주상미, 이승욱, 왕성석
노원준, 조성민, 이선민

온라인 마케팅
권진희, 주상미

펴낸이
엄태상

펴낸곳
(주)시사북스

등록번호
제2022-000159호

등록일자
2022년 11월 30일

주소
서울시 종로구 자하문로 300
시사빌딩

전화
1588-1582

이메일
emptypage00@sisadream.com
emptypage01@sisadream.com

©요시타케 아사코

ISBN
979-11-93873-05-2   03320

- 빈페이지는 (주)시사북스의 단행본 브랜드입니다.
- 이 책은 ㈜시사북스와 저작권자의 계약에 의해 출판된 것이므로 무단 전재 및 유포, 공유, 복제를 금합니다.
- 이 책 내용의 전부 또는 일부를 이용하려면 반드시 저작권자와 ㈜시사북스의 서면동의를 받아야 합니다.
- 잘못 만들어진 책은 판매처에서 교환해 드립니다.
- 빈페이지는 소중한 원고를 기다립니다.